シュタイナーの
おやつ

子どもの「生活リズム」にあった
1週間のレシピ

陣田靖子

contents

目次

はじめに
　シュタイナーに学ぶ、
　　食べものとからだの関係…… 4

用意しておきたい基本の材料…… 8
おいしくつくるために…… 10

Monday
月曜は玄米 …… 11

　ワッフル…… 12
　玄米パン…… 14
　レモン風味のライスプディング…… 16
　おから入りスコーン…… 17
　玄米おこげせんべい…… 18
　五平餅…… 19
　いちごジェラート…… 20
　あんず甘酒ゼリー…… 22

Tuesday
火曜はカラス麦 …… 23

　さくさくクッキー…… 24
　オートミールパンケーキ
　　＆アップルバター…… 26
　オートミールナゲット…… 28
　玄米ミルクのミューズリー…… 30
　グラノーラスナック…… 31
　きな粉入りくるみクッキー…… 32

Wednesday
水曜はきび …… 33

　きびリングドーナツ…… 34
　いもきびだんご…… 36
　きびおはぎ…… 37
　キャロブ＆プルーンのマフィン…… 38
　ひえボール…… 39
　ひえのフルーツゼリーケーキ…… 40
　たかきび米粉パン…… 42
　たかきびの肉まん風…… 44

Thursday
木曜ははと麦 …… 45
- ココナッツミルク汁粉 …… 46
- はと麦だんご …… 48
- 黒豆おこし …… 49
- 木の実の薬膳風おかゆ …… 50
- はと麦すいとん …… 52
- じゃがいもニョッキ …… 54

Friday
金曜はライ麦 …… 55
- ベリーのライ麦パン …… 56
- チャパティ＆味噌風味のイタリアンスープ …… 58
- 米粉クレープのラップサンド …… 60
- ライ麦クラッカー …… 62

Saturday
土曜はとうもろこし …… 63
- じゃがいも餅 …… 64
- コーンマフィン …… 66
- コーンミールパン …… 67
- セサミキャラメルポップコーン …… 68
- コーングリッツのおかゆ …… 70
- ココナッツパンケーキ …… 72
- とうもろこしだんご …… 73
- トルティーヤ風チップス …… 74

Sunday
日曜は小麦 …… 75
- 全粒粉の野菜ピザ …… 76
- 野菜蒸しまんじゅう …… 78
- ２色のかわり野菜うどん …… 80
- さつまいものサーターアンダギー …… 82
- かりんとう …… 83
- ねじりドーナツ …… 84

Christmas
クリスマスのお祝い …… 85
- ライ麦パンのリース …… 86
- セモリナ粉のフルーツケーキ …… 88
- ジンジャークッキー …… 90
- 米粉のフルーツケーキ …… 92

おわりに
- シュタイナーの子育て、わたし流 …… 94

Tea Time
コラム おいしい話をちょこっと

01　米粉パンの味わい …… 14
02　甘酒は栄養ドリンク …… 20
03　アメリカで出会った味 …… 26
04　根菜は頭にいいんです！ …… 28
05　雑穀をおいしく食べるには …… 34
06　食欲のない時にもおすすめ …… 40
07　米粉パン＆お菓子の保存方法 …… 42
08　ときには「おたのしみの食材」を …… 46
09　木の実もおやつに …… 50
10　子どもがこねるとおいしくなる！ …… 56
11　じゃがいもの食べ過ぎはよくない!? …… 64
12　アメリカでお気に入りになった朝食 …… 70
13　手軽に生地からつくれるピザ …… 76
14　パンでつくるクリスマス・クランツ …… 86
15　セント・ニコラウスの日のケーキ …… 88
16　型抜きはアドベントの期間限定！ …… 90
17　わが家のクリスマスの過ごし方 …… 92

～はじめに～　シュタイナーに学ぶ、食べものとからだの関係

はじめまして、陣田靖子です。
わが家にはシュタイナー学校に通うふたりの娘がいます。

シュタイナー幼稚園では、おやつに、曜日ごとに決まった穀物を食べます。

かつて娘たちが通っていた幼稚園は、シュタイナーの考えにもとづいて、
自然との調和やリズムある生活を大切にしていました。
毎日のおやつも、季節の祝祭や誕生日のお祝いの日以外は、
曜日ごとに決まっていました。月曜日は玄米、火曜日はカラス麦、
水曜日はきび、木曜日ははと麦、金曜日はライ麦と、
すべて穀物を使ったおやつです。

曜日に対応する穀物については、シュタイナー自身が言ったことなのか
確定されていないのですが、ほとんどのシュタイナー幼稚園では、
曜日ごとに7穀物を食べているようです。
ちなみに、土曜日はとうもろこし、日曜日は小麦です。
また、別の考え方もあって、月―米、火―大麦、水―きび、
木―ライ麦、金―カラス麦とするシュタイナー幼稚園もあり、
先生がどの国で勉強されたかによって理解・実践されています。
本書は、わが家の子どもたちの通った園での体験がもとになっています。

幼児期は、くり返されるリズムのなかで生活することが、
魂に安心感を与え、子どもの成長につながっていきます。
曜日によって関係の深い穀物を利用し、おやつに取り入れることで、
毎日のリズムを生むことになります。
この曜日にこれを「食べなくてはならない」というのではなく、
それが自然と調和し、子どもの成長の助けになるのです。

では、なぜ穀物中心のおやつなの？　というと、
ひとつには、おやつは主食を補助するものだからです。
子どものちいさな胃と消化能力では、三度の食事だけでは足りず、
主食である穀物をおやつとして食べる必要があるのです。
ふたつめには、穀物には、ものを形づくる力＝人間となる形成力に
影響する「太陽諸力」がたくさん含まれているからです。

穀物をよく噛むことで
意志の力が育ちます。

人智学では、生きていくうえで重要な栄養素のひとつ
炭水化物（ブドウ糖）を得るには、穀物をできるだけ
全粒のかたちでとることが望ましいと考えます。
穀物をよく噛み、だ液と混ぜ、消化して糖分にかえ、吸収していく。
その過程をへることで、人間は生きる力を生み出し、
意志の力が育つのです。精製された白砂糖では、こうはいきません。

子どものおやつは甘いもの（白砂糖）ではなく、
穀物を中心に季節のくだものやいも類で、
また、幼児期は味覚を発達させるうえでも大切な時期ですから、
素材の味を生かした薄味のものにしましょう。
甘味を入れる場合には「質」に注意をはらい、
また、適正な量を知ることも重要です。

子どもが、からだ、精神、魂を育むために自ら選べるようになるまでは、
わたしたち親が、食べるものを選ぶ必要があります。

シュタイナーは、人間は逆立ちした植物だと考え、
根は神経系に、葉は呼吸・リズム系に、実は代謝系に、
種は熱・心臓に作用すると言っています。

バランスのよいからだをつくるには、
根のものは食べたかな？　葉ものは？　実は？　種は？　と、
毎回の食事で揃わなくても、一日のなかで食べていればよいと思います。

風土と調和した穀物菜食が、
からだをつくります。

幼児期の子どもはとくに周囲との共感をもって生きていますから、
暮らしている地方の風土と調和する食事こそが、成長を助けるでしょう。
穀物（とくにお米）と国産の旬の野菜を中心に食べることが、
これから大人になって健康な生活を送る基盤となります。
とくに穀物が6割以上を占めるといいですね。

また、炭水化物や脂肪、ビタミン、ミネラルとならんで、
健康のために大事な要素にタンパク質があります。
人間はそれを食べものから取り込むことしかできませんが、
動物から過剰なタンパク質をとってしまうと、代謝がうまくいきません。
精神的な修養のためにも避けたいことです。

そうしてみると、やはり穀物と野菜から栄養をとるほうが、
こころとからだに負担がかかりにくいと考えられます。
けれど、わたしは肉や魚をとることも、決して悪いとは思いません。
いままでの伝統食で培ってきた量を守ればいいのでは、と考えています。

何でも手に入るこの時代だからこそ、「本物」を選び、
控えめな食べ方をこころがけたいものですね。

子どもの様子にあった食べものがあります。

食べものはからだだけでなく、気質にも影響すると考えられています。
シュタイナーは、人間は「胆汁質」「憂うつ質」「粘液質」「多血質」の
4つの気質をあわせもつと考えました。
子どもに目立った気質が表れているのなら、どんなものを食べさせるかで、
気質が調和するように働きかける助けとなります。

「胆汁質」の子どもには、雑穀や生野菜、甘いものを、
「憂うつ質」なら、はちみつや甘いものを食べ、根菜は少なめにします。
「粘液質」なら、雑穀、葉菜、塩味のきいたものを食べ、卵は避けます。
「多血質」の子どもには、塩辛いものや乳製品がよいとされています。
ただし、甘いものとは、白砂糖ではなく、天然のもの。
塩辛いものは、塩味がききすぎていないものを。

しかし、人間誰しも4つの気質をあわせもっているのですから、
どの気質の子どもにも、怒りっぽいだとか、めそめそしているとか……、
そのときの状態を見て、食べさせてあげられるといいですね。

ルドルフ・シュタイナー

1861-1925:オーストリア生まれの哲学者で、
人智学(アントロポゾフィー)を創設。
精神や魂の自由を目指すシュタイナー教育をはじめ、
芸術、建築、農業、医学などの分野でも、
シュタイナーの人智学にもとづく実践が
世界各地に広がっている。

用意しておきたい基本の材料

多くのレシピに共通する基本的な材料の特徴や選び方などをご紹介します。たいてい自然食品店や製菓材料店、通信販売などで手に入ります。

米粉・小麦粉

主食であるお米をもっと食べたい、と米粉をよく使っています。いろいろな種類があって、玄米を粉にした**玄米粉①**、うるち米を粉にした**上新粉②**、もち米を粉にした**白玉粉③**などのほか、本書では使っていませんが、発芽玄米粉や焙煎した米粉もあります。

また、レシピで米粉とあるのは、焼き菓子やパンに向くように製粉された〈米粉〉を使っています。これは見た目には上新粉と同じですが、上新粉は和菓子用なので、やはり、できあがりが重たい感じになります。米粉のレシピで、上新粉を代用するときには、水分を1（～2）割ほど増やしたほうがいいでしょう。

小麦粉はおもに、小麦の粒をそのまま粉にした**全粒粉④**や、国内産小麦を挽いた**地粉⑤**を使っています。全粒粉はふすまや胚芽などが残っているので、栄養分が豊富です。レシピに地粉と書いてある場合は、国内産小麦の「中力粉」をさします。デュラム小麦と呼ばれる硬質小麦を挽いた**セモリナ粉⑥**は、コシが強いのでパスタの原料として使われますが、ケーキにすると、もっちりとしてこくのある味になります。

ふくらし粉

ベーキングパウダー①は、「アルミニウムフリー」（アルミニウムが入っていません）と明記してあるもので、成分のコーンスターチも遺伝子組み換えでないものを選びたいですね。その点、**重曹②**のほうが安全だと言われていますが、前記の2点がクリアできればベーキングパウダーも同じでしょう。

違いとして覚えておきたいのは、ベーキングパウダーは気泡が細かくて、ふわっとしっとりした感じに仕上がるのに対し、重曹は気泡が粗くて、もっさりとした感じに仕上がります。でも、重曹だと半分の量で同じくらいにふくらみますし、安価です。ただし使い過ぎると、特有の苦味を感じたり、合わせる材料によっては、酸とアルカリの反応で生地が褐色になったりしますので気をつけてください。

天然酵母は、発酵させることによって、生地をふくらませおいしくします。「**ホシノ天然酵母**」**③**のように酵母を起こしてから使う生タイプと、そのまま粉類に混ぜればいい**ドライタイプ（天然イースト）④**があります。本書ではおもに、発酵時間が短くてすみ、手軽なので、ドライタイプを使っています。とくに、米粉のみでつくるパンは、水分が多いため、時間がかかると生地が分離してしまい、うまくふくらまないので、天然イーストをおすすめしています。

また、小麦アレルギーの方は、何から酵母を起こしているかに注意して選びましょう。

4 写真は小麦粉由来の天然イースト。小麦アレルギーの方にはサトウキビの一種が由来の別商品も発売されています。

水分

レシピでは、乳製品は使わずに、添加物の入っていない**無調整豆乳**①や、大豆アレルギーの子どものために玄米からつくられた**玄米ミルク**②を選んでいます。なお、レシピは牛乳で代用できます。

果汁100％のりんごジュース③もよく使いますが、これは甘味料を少なくして、ほんのり甘味を加えるためのテクニックです。濃縮還元のジュースは、砂糖を加えて糖度の調整をしていますので、ストレートを選びます。

甘味料

レシピでは、天然の甘味料を使っています。カエデの樹液を煮詰めた**メープルシロップ**①なら、風味も香りも強いので少量で満足できます。砂糖液を加えたものは、純粋ではないので避けましょう。
甘酒②やお米を糖化した**米飴（米水飴）**③も、からだにやさしいものです。また、**無糖ジャム**④なら、くだものの味が濃厚でおいしく、白砂糖を避けられます。ほかにも、**てんさい糖**⑤、さとうきびの液汁を煮詰めた粗糖、**黒ざとう**⑥、はちみつなどは、どれもミネラル分の多い未精白の甘味料です。
デーツやレーズンなど甘味の強い**ドライフルーツ**⑦を使えば、甘味料を入れ

＊ドライフルーツ：奥左からデーツ（ナツメヤシの実）、プルーン、干しあんず、中央はレーズン、手前はカレンツ（山ぶどう）

なくても自然の甘味と風味が加わります。できるだけ酸化防止剤や漂白剤などが添加されていないもの、オーガニックのものを選ぶといいですね。オイルコーティングされているものは熱湯でさっと洗ってから使いましょう。

調味料

添加物の入っていない自然のもの、**しょうゆ**①や**味噌**②なら天然醸造のものを選んでください。塩は、海水からつくる**自然塩**③なら、そのミネラル・微量元素成分が人間の血液の成分と似通っていますので、からだに溜まりにくいと言われています。また、味に旨みがあるので、料理もおいしくできあがります。ただ、自然塩には「にがり」の成分が含まれていて、臓器を固める性質があるので、ときには岩塩なども使いつつ、濃い味は避けましょう。
油は、お菓子やパンに使うには、**菜種油**④など風味の強くないものがよいでしょう。精製度の高いものは、たくさん抽出するためや、精製度を高めるために薬品を使っているので、昔ながらの圧搾絞りをおすすめします。

おいしくつくるために

分量やつくり方など、おいしく、失敗なく仕上げるための基本的な内容です。はじめる前に、ぜひ読んでおいてください。

計量

- 計量単位は、1カップ＝200ml、大さじ1＝15ml、小さじ1＝5ml、1合＝約180ml、いずれもすりきりではかります。
- **約○ml** とある場合は、季節や素材によって、ちょうどいい分量が異なるので、様子を見ながら加減してください。
- **適量** は揚げ油など適当な量を使うもの、**適宜** は味を見ながらちょうどいい量を入れてください。 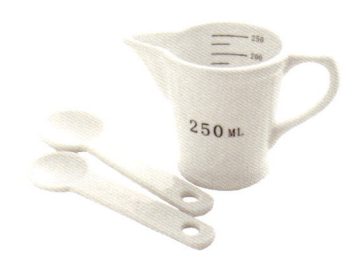
- **お好みでは** 入れても入れなくてもOKですので、お好きな量を。
- **少々** は親指とひとさし指の先で少しつまんだ量、**ひとつまみ** は親指、ひとさし指、中指の3本でつまんだ量が目安です。
- できあがりの量は、つくりやすい量や大きさにしています。**○人分** は子どもを目安にしていますが、よく食べる子と食べない子には差があるし、好ききらいもありますので、ご自身で加減してください。

つくり方の基本

- よく **別の容器で混ぜてから** と出てきます。これは、先にひとつに混ぜ合わせておくと、うまくいく場合です。どうせ全部混ぜるのだからと、それぞれを粉に加えたりすると、生地がふわっとふくらまなくて失敗したり、できあがりに偏りが生じることがあります。 
- 生地の醗酵は、発酵器やオーブンの発酵機能があれば利用したほうが失敗しにくいです。温度は35～40℃くらいを目安にしてください。28℃くらいの室内に置いても発酵しますが、機械を使うよりも時間がかかります（夏以外）。夏なら20分くらい、冬なら40～50分くらいで、様子を見てください。
- 発酵状態の見極めは、時間よりも見た目を優先させます。米粉100％のパンなら、表面がプクッと盛り上がった状態、高さが1～1.5cmくらい増えた感じです。グルテン質がないので一次発酵のみでOKです。小麦粉を使ったパンは見た目が1.5～2倍になったら、一次発酵しています。生地をぎゅっと押して空気を抜き、丸くまとめて、もう一度発酵（二次発酵）させてから焼きます。

米粉でも小麦粉でも、粉類や豆乳、メープルシロップなど、冷蔵庫から出したばかりの冷たい材料を使わないようにしましょう。うまく発酵しなくて失敗の原因になります。

温度や時間の目安

- 揚げ油の温度は、中までじっくり火を通したいものは、160℃くらいを目安に、表面だけを揚げればいいものや、火の通りが早いものは180～200℃を目安にしてください。
- **熱湯** は沸騰している湯、**お湯** は沸騰していない熱い湯、**ぬるま湯** は35℃以下の湯としました。
- オーブンの温度や加熱時間はガスオーブンを使用したときの目安です。季節や機種によっても違うので、焼け具合を見ながら加減してください。

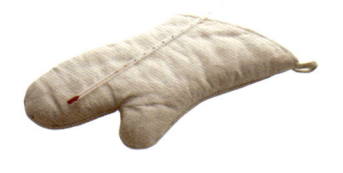

monday →

月曜は玄米

いつものお米を意外な味でたのしんで！

gennai

　月曜日は、お月さまとも関係の深い曜日。月の満ち欠けと海の干満はつながっていると考えると、水田で育つお米が、月と関係の深いのもわかります。お米をソウルフードとしてきた日本人だから、月を愛でることが生活の一部になり、陰暦が使われてきたのでしょう。先人たちが環境を壊さずに育むエコな農業をしてきたことに感心させられます。これからはお米の時代！　わたしは、100％自給できるお米をもっと食べるようにしたいと思っています。「粉」のかたちでも食べるとメニューも広がるし、からだにも食文化を守るためにもよいと考えます。パーフェクトフードと呼ばれている「玄米」を粒でも、粉でも取り入れてみませんか？
　ちなみに、娘たちの通った幼稚園のおやつは、毎週月曜日は、ごま塩をほんの少しつけただけの素朴な「玄米おにぎり」でしたよ。

monday

ワッフル

つなぎに上新粉とくず粉を入れて、サックリしたおいしさに

●材料（直径7cmのワッフル型×6枚分）
玄米粉……60g
上新粉……40g
くず粉……20g
アーモンドプードル……30g
てんさい糖……大さじ1
A［無調整豆乳……60ml
　りんごジュース……50ml
　菜種油……大さじ3
　自然塩……少々］

●つくり方
1　玄米粉、上新粉、くず粉、アーモンドプードル、てんさい糖をボウルに入れてよく混ぜる。
●玄米粉のみでワッフルをつくると、割れやすく、ぼそぼそしてしまうので、つなぎとして上新粉とくず粉を加えています。くず粉がかたまりの場合は、あらかじめすり鉢ですりつぶしておきます。
2　Aを別の容器で混ぜ合わせ、1に加え、こねないように混ぜる。
3　油（分量外）をひいてあたためたワッフル型に、2の生地を入れてはさむ。表と裏を中火〜弱火で3分ずつ焼いた後、さらに約1分ずつ焼き色がつくように焼く。
●よく焼き色がつくまでしっかり焼くと、型からはずしやすいです。

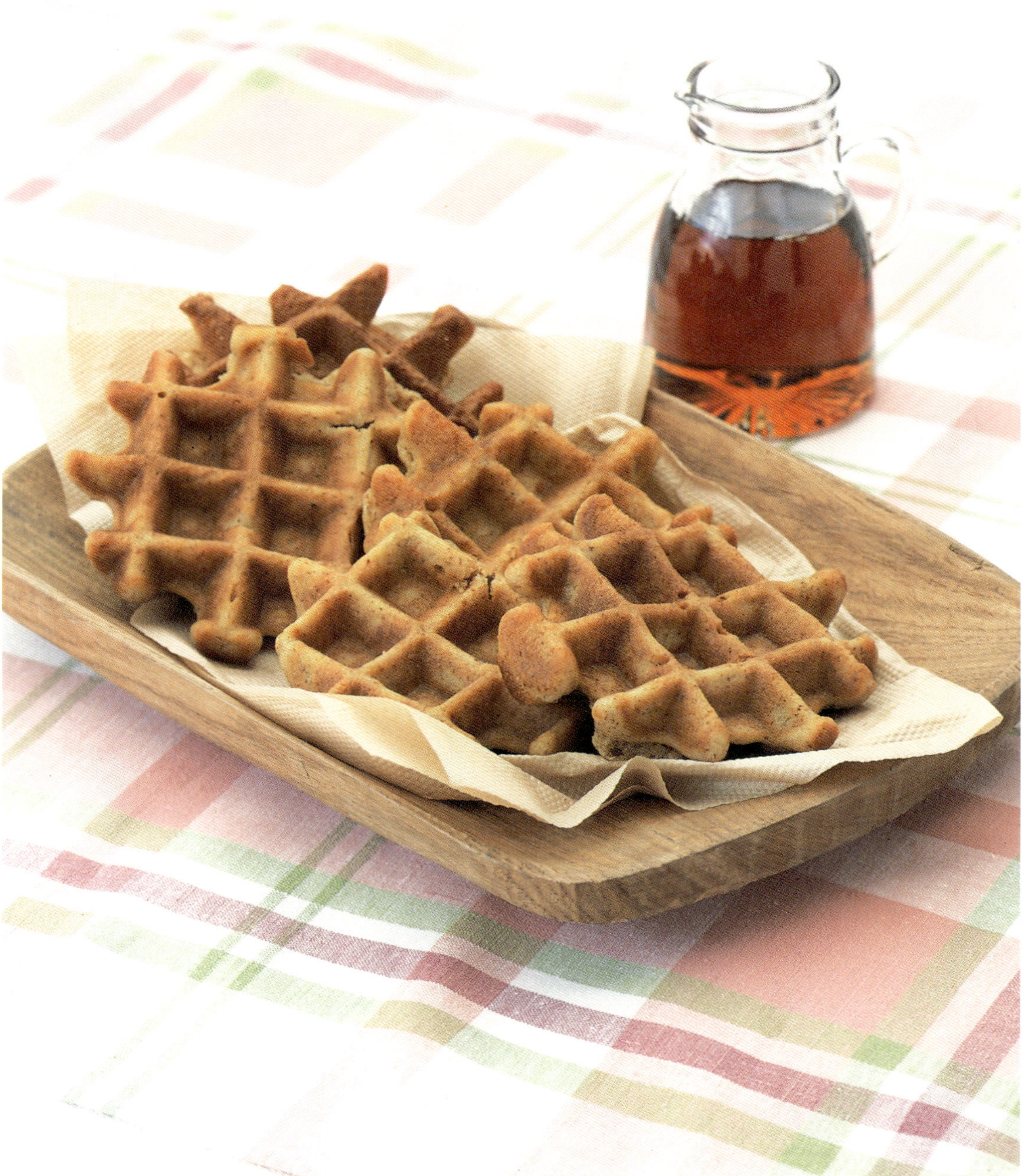

Monday

玄米パン

玄米粉のおいしさがシンプルに味わえます

●材料（20cmのパウンド型1個分）
玄米粉 …… 150g
天然イースト …… 4g
A ┌ 水 …… 約180mℓ
  │ メープルシロップ …… 大さじ1
  │ 菜種油 …… 小さじ1
  └ 自然塩 …… 3g

●つくり方
1 玄米粉と天然イーストをボウルに入れて混ぜる。
2 Aを別の容器で混ぜ合わせ、**1**に加えてよく混ぜる。
● 生地のかたさがホットケーキより少しかためになるよう、玄米粉の種類や季節によって、水の量を約180〜200mℓの範囲で調整してください。
3 オーブンシートを敷いた型に流し入れて、ラップをし、醗酵させる。
● 35〜40℃のオーブンに入れるか、あたたかな室内に置いておきます。
4 生地が1cmくらいふくらんだら、ラップをはずし、予熱なしで160℃のオーブンで約35分焼く。竹串を刺して、生焼けの生地がつかなければ焼きあがり。
● 小麦粉でつくるパンのように二次発酵させると、おもちのように固まった感じに焼けてしまいます。予熱をしないことで、パンの表面がかたくなり過ぎるのを防ぎます。

Tea Time 01　米粉パンの味わい

お米の粉で焼いたパンは、もっちりとした食感で、まるでおにぎりを食べているような感じです。味わいは、小麦粉のパンとはかなり違い、ひと口食べると懐かしいような、それでいてはじめてのような、新鮮な感動があります。洋風メニューにも、和風のおかずにもよくあいます。また、小麦粉のパンよりカロリーは低く、それでいて腹もちはいいので、とてもヘルシーです。とくに玄米パンは、玄米好きの方にはもちろんのこと、苦手な方にも食べやすいので、ぜひお試しください！

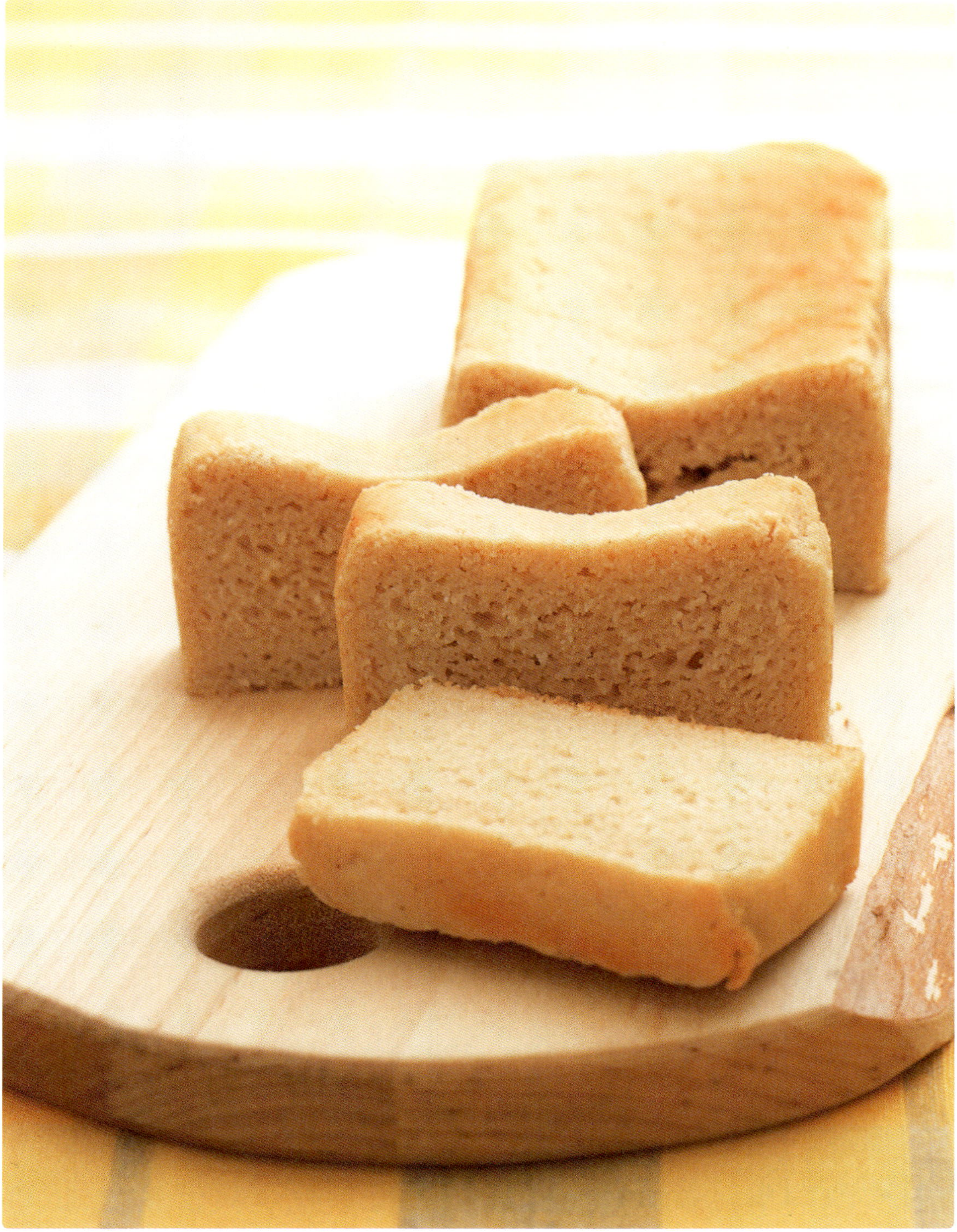

Monday

レモン風味のライスプディング

レモンの風味がきいた玄米プディング。さっぱりと食べられます

●材料（4人分）
炊いた玄米 …… 1カップ
A ┌ 無調整豆乳 …… 250mℓ
　│ レモンの皮 …… 約1/2個分
　│ 　＊塩で洗い、表面の皮をすりおろす
　│ 米飴 …… 25mℓ
　└ メープルシロップ …… 25mℓ
米粉（または上新粉）…… 大さじ1
無調整豆乳 …… 100mℓ
自然塩 …… ひとつまみ
シナモンパウダー …… 小さじ1

●つくり方
1 Aを鍋に入れて火にかける。
2 煮立つ直前に、玄米を加えてほぐし、ごく弱火で10分煮る。
3 米粉をとかした豆乳（100mℓ）と自然塩を**2**に加え、かき混ぜながら5分くらい煮る。
4 熱いうちに器に入れる。
● 米粉が入っているので、すぐに固まってしまいます。
5 冷蔵庫で冷やしてから、茶こしでシナモンパウダーをふりかける。

Monday

おから入りスコーン

玄米粉と乾燥おからの、おなかにやさしいおやつです

●材料（直径約5cm×12個分）
玄米粉 …… 150g
乾燥おから …… 50g
ベーキングパウダー …… 小さじ1/4
A ┌ りんごジュース …… 150㎖
　│ 無調整豆乳 …… 100㎖
　│ 菜種油 …… 50㎖
　│ メープルシロップ …… 50㎖
　└ 自然塩 …… 小さじ1/4

●つくり方
1　玄米粉、乾燥おから、ベーキングパウダーをボウルに入れてよく混ぜる。
2　Aを別の容器で混ぜ合わせ、1 に加えて混ぜる。
3　2 の生地をスプーンですくって手にのせ、かたちを整える。
●生地がゆるいので、そっとさわる程度にしてください。
4　160℃にあたためたオーブンで約25分焼く。

乾燥おから

Monday

玄米おこげせんべい

おこげを揚げるだけ！　ぱりぱり感が人気です

●**材料**（4〜5人分）
玄米を炊いたときにできたおこげ …… 約300g
揚げ油 …… 適量
しょうゆ …… 適宜

●**つくり方**
1　おこげを適当な大きさに分けて、めん棒でのばす。
● おこげをラップではさむと、めん棒にくっつかないのでやりやすいですよ。
2　揚げ油でからりと揚げて、しょうゆを刷毛でぬる。

Monday

五平餅

いつものごはんを使って、手軽につくれます

●材料(4本分)
炊いた玄米(やわらかめ)……300g
しょうゆ……小さじ1/2
黒ごまペースト……小さじ1
米飴……小さじ1/2
梅干……1個
はちみつ……小さじ1/4

●つくり方
1 やわらかめに炊いた玄米に、しょうゆを加えて混ぜてから、半分くらい粒がつぶれるようにめん棒でつく。
2 ついた玄米を4等分し、小判形にまとめ、串を刺す。
3 たれをつくる。黒ごまペーストは米飴と混ぜる。梅干は種をのぞき、包丁の背でたたいてつぶして、はちみつと混ぜる。
4 黒ごまのたれ、梅干のたれをそれぞれ、**2**の餅にぬりつける。
5 両面をあぶり、うっすら焦げ目がついたらできあがり。
🌸ごはんに火は通っているので、かるく焼くだけで大丈夫です。

monday

いちごジェラート

砂糖ナシ！　後味もさっぱりした甘酒のジェラートです

●材料（4〜5人分）
玄米甘酒 …… 250g
いちご …… 150g
　＊分量とは別に飾り用を適宜とっておく
ココナッツミルク …… 大さじ3
無糖いちごジャム …… 大さじ1
自然塩 …… ひとつまみ

玄米甘酒

●つくり方
1　すべての材料をフードプロセッサーかミキサーにかけて、なめらかにする。
2　密閉できるタッパーやバットに入れて、冷凍庫で凍らせる。
3　1〜2回、冷凍庫から出して、フォークで表面を削って空気を含ませる。
●空気を含ませることで、ふんわりとした口当たりのジェラートになります。
4　器に盛りつけ、いちごを飾る。

Tea Time 02　甘酒は子どもにこそ飲んでほしい栄養ドリンク

甘酒は、江戸時代には真夏に飲まれる夏バテ防止・疲労回復の栄養ドリンクでした。「酒」の文字が入っているものの、アルコール分はゼロ。こうじ菌の糖化酵素（アミラーゼ）によって、玄米のでんぷんが分解されてできたブドウ糖100％の健康飲料です。脂肪分ゼロで低カロリー、酵素いっぱいの甘酒ジェラートは安心して食べられます。昔から日本人は、食材を発酵させることでからだへの負担を減らし、栄養的にもより優れたものをつくってきました。その知恵が活かされた日本の伝統食は、やっぱりあなどれません！

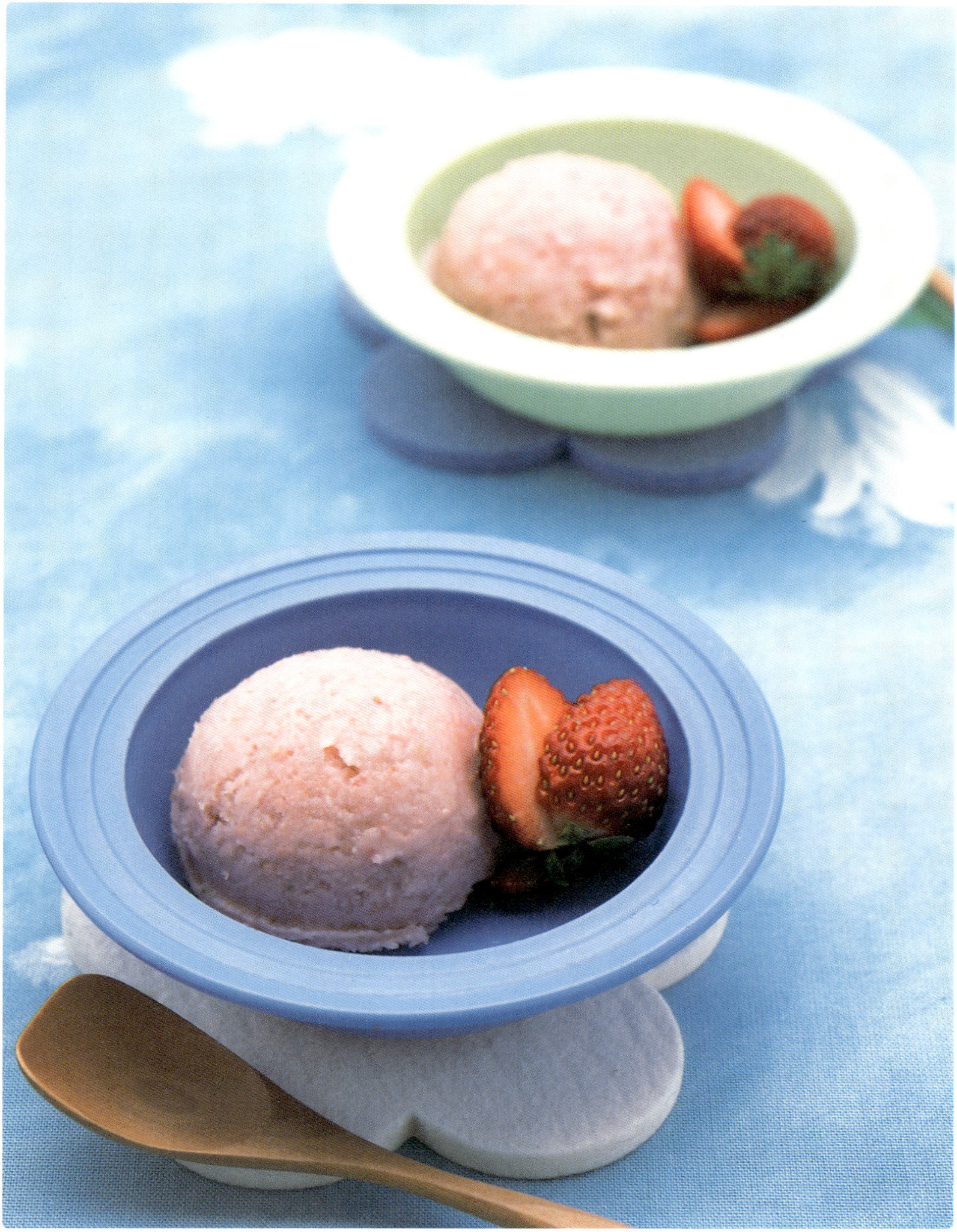

Monday

あんず甘酒ゼリー

玄米甘酒と豆乳をベースにしたゼリーです。あんずの甘ずっぱさが味のアクセント

●材料（4～5人分）
干しあんず……適宜
りんごジュース……適量
無調整豆乳……400mℓ
寒天パウダー……4g
玄米甘酒……250g
自然塩……小さじ1/4
無糖あんずジャム……適宜

●つくり方
1 あんずをひたひたのりんごジュースで戻す。
●りんごジュースが残っていたら、最後に表面にぬるあんずジャムに混ぜておきましょう。
2 豆乳と寒天パウダーを鍋に入れて煮とかし、甘酒と自然塩を加え、ひと煮立ちしたら火を止める。
3 器に **2** を流し入れて少し固まりかけたら、あんずを入れ込む。
●常温で固まりますが、少し冷やすと、よりおいしくなりますよ。
4 食べる直前に、ジャムを表面にぬる。

Tuesday →

火曜は**カラス麦**

お菓子にもおかずにもなる優れものです

karasumugi

　カラス麦は「オートミール」の名で親しまれ、穂のかたちがカラスに似ているからカラス麦、ツバメ（燕）に似ているから燕麦とも、英語でオーツとも呼ばれます。胚芽の部分を含んだまま無精製で加工され、精白した穀物よりも食物繊維やビタミン、ミネラルが豊富で、日本人に不足しがちな鉄分やカルシウムも多く含んでいます。
　加熱処理されていますので、すぐに火が通り、簡単な調理で食べられます。焼き菓子に入れると歯ごたえがあっておいしいし、また、お菓子だけでなくおかずにも使えるユニークな穀物です。
　幼稚園で火曜日のおやつに出されていた「ミューズリー」は、玄米ミルクをかけ、りんごやバナナなど季節のくだものとレーズンを入れたもの。たまに、幼稚園の庭でとれる桑の実や木いちごが入ると、子どもたちから「わぁ〜」と歓声があがります。

Tuesday

さくさくクッキー

わが家でも頻繁に登場。リクエストが多いんです

●材料（約25個分）
地粉 …… 100g

A
- 重曹 …… 小さじ1/4
- オートミール …… 1/2カップ
- ココナッツファイン …… 1/2カップ
- コーンフレーク …… 1/2カップ
- アーモンドスライス …… 1/4カップ
- カレンツ（またはレーズン）…… 25g
- オレンジピール …… 小さじ2

B
- りんごジュース（または無調整豆乳）
  …… 50mℓ
- 菜種油 …… 50mℓ
- 自然塩 …… ひとつまみ

●つくり方
1　地粉はふるって、Aと混ぜ合わせる。
2　Bを別の容器で混ぜてから、1に入れて、かるく混ぜ合わせる。
●ひとつにまとまるまで混ぜなくても、分離していても大丈夫。逆に、生地に粉っぽさが残る時には、りんごジュースや豆乳、水など（いずれも分量外）を適宜加えてください。
●甘みを足したい時はメープルシロップなどを入れて加減してみてください。
3　少量ずつ手に取り、かるく握ってロック形にし、油（分量外）をぬった天板に並べる。
4　150℃にあたためたオーブンで約18分焼く。

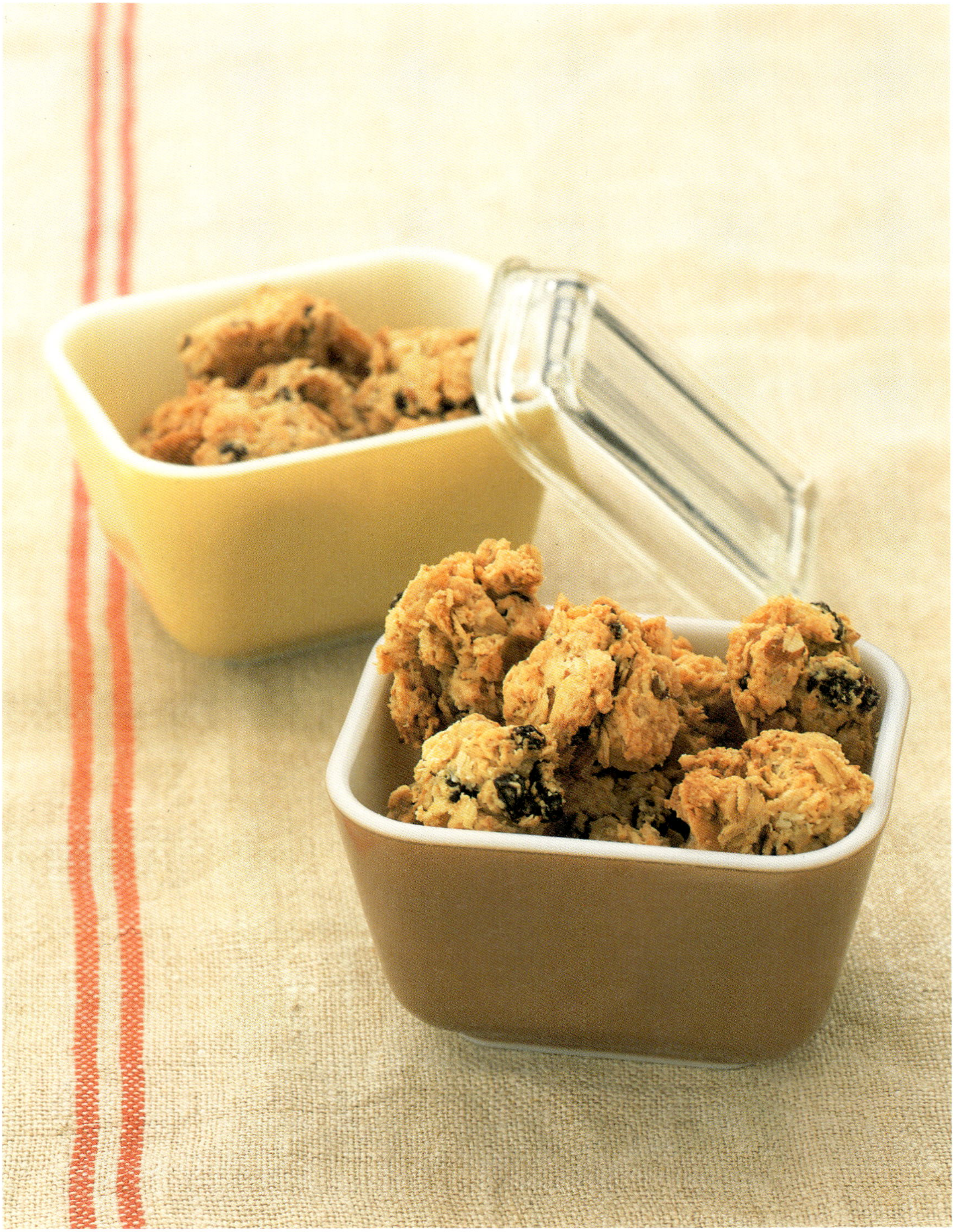

Tuesday

オートミールパンケーキ & アップルバター

シナモンがきいたりんご煮を添えて。アメリカの味を上新粉でアレンジしました

●パンケーキの材料（直径約10cm×5枚分）
オートミール……20g
上新粉……150g
ベーキングパウダー……小さじ1.5
シナモンパウダー……少々
A ┃ 無調整豆乳……180mℓ
　 ┃ 菜種油……50mℓ
　 ┃ メープルシロップ……40mℓ
　 ┃ 自然塩……小さじ1/6

●つくり方
1 オートミール、上新粉、ベーキングパウダー、シナモンパウダーをボウルに入れてよく混ぜる。
2 Aを別の容器で混ぜ合わせ、**1**に加えて混ぜる。
● 少しずつ加えてダマを残さないように混ぜましょう。
3 あたためたフライパンに油（分量外）をひいて、お玉で1杯ずつ流し入れて、両面を約1〜2分ずつ、きつね色になるまで焼く。

●アップルバターの材料
りんご……1個
ドライクランベリー……20g
シナモンパウダー……小さじ1
A ┃ メープルシロップ……大さじ2
　 ┃ りんごジュース……大さじ1
　 ┃ 自然塩……ひとつまみ

●つくり方
1 りんごは皮ごと、厚さ2mmくらいのいちょう切りにする。ドライクランベリーは粗みじんに切る。
2 鍋に**1**とシナモンパウダーを入れてふたをし、弱火にかける。
3 水が出てきて、りんご全体に透明感が出てきたら、Aを加えて、りんごをつぶしながら煮詰める。好みのかたさで火を止めてできあがり。

Tea Time 03　アメリカのシュタイナー学校で出会った味

アトランタのシュタイナー学校に、娘たちと一緒に行ってきました。子どもが学校で授業を受けている間に、おかあさま方においしいと評判のお店に連れて行ってもらい、オートミールパンケーキをいただきました。パンケーキはもちろん、添えられていたアップルバターのおいしかったこと!! 人智学では、季節ごとの恵みをいただくことも大切にします。まだ人間本来のリズムをもっている幼い子どもは、自然界のリズムと響きあって、生命力が強まるとも考えます！ 穀物のおやつに季節の恵み、ぜひ添えてみてください。

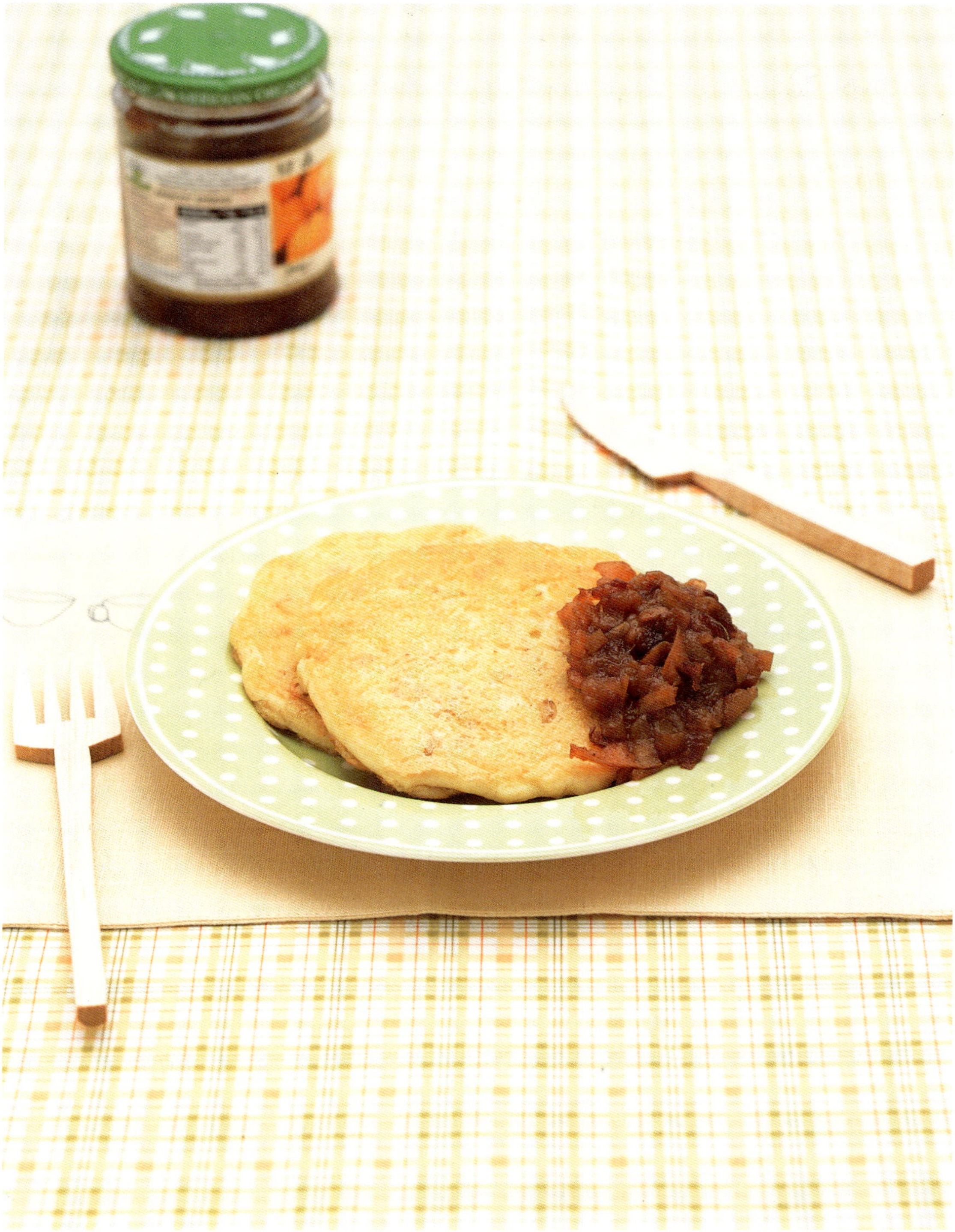

Tuesday

オートミールナゲット

隠し味は味噌！　ごはんのおかずとしてもおすすめです

●材料（約10個分）
オートミール……50g
熱湯……30㎖
A ┌ 玉ねぎ……1/4個
　├ にんじん……3cm
　├ キャベツ……1/4枚
　├ にんにく……1/2片
　└ しょうが……少々
ごま油……大さじ1/2
自然塩……小さじ1/4
味噌……小さじ1
上新粉……20g
揚げ油……適量

●つくり方
1　オートミールをボウルに入れ熱湯を注ぎ、かるくかき混ぜてからラップをしてふやかしておく。
2　Aの野菜をみじん切りにし、ごま油を熱したフライパンで炒め、自然塩と味噌で味をつける。
3　**2**にふやかしたオートミールと上新粉を加え、よく混ぜてから、手でこね、握って成形する。
●あたたかいうちにフライパンの中で混ぜます。油もとれて洗う時にラクだし、エコですね！
4　揚げ油でからっと揚げる。

Tea Time 04　根菜は頭にいいんです！

このナゲットは、お弁当のおかずにもなる優れもの。材料は常備野菜と乾物（オートミール）だけなのでとても便利です。根菜は人間の頭に作用し、シュタイナーの言う受肉（自我の形成）に関係の深い塩（ミネラル）が豊富です。調理で塩をたすよりも、塩をすでに含む野菜を食べるほうが、からだへの負担がかかりにくく、子どもにはとくによいと思います。レシピではにんじんを使いましたが、ごぼうやレンコンもおいしいし、根菜類が苦手な子も食べやすいので、ぜひ根菜の量を増やしてつくってみてください。

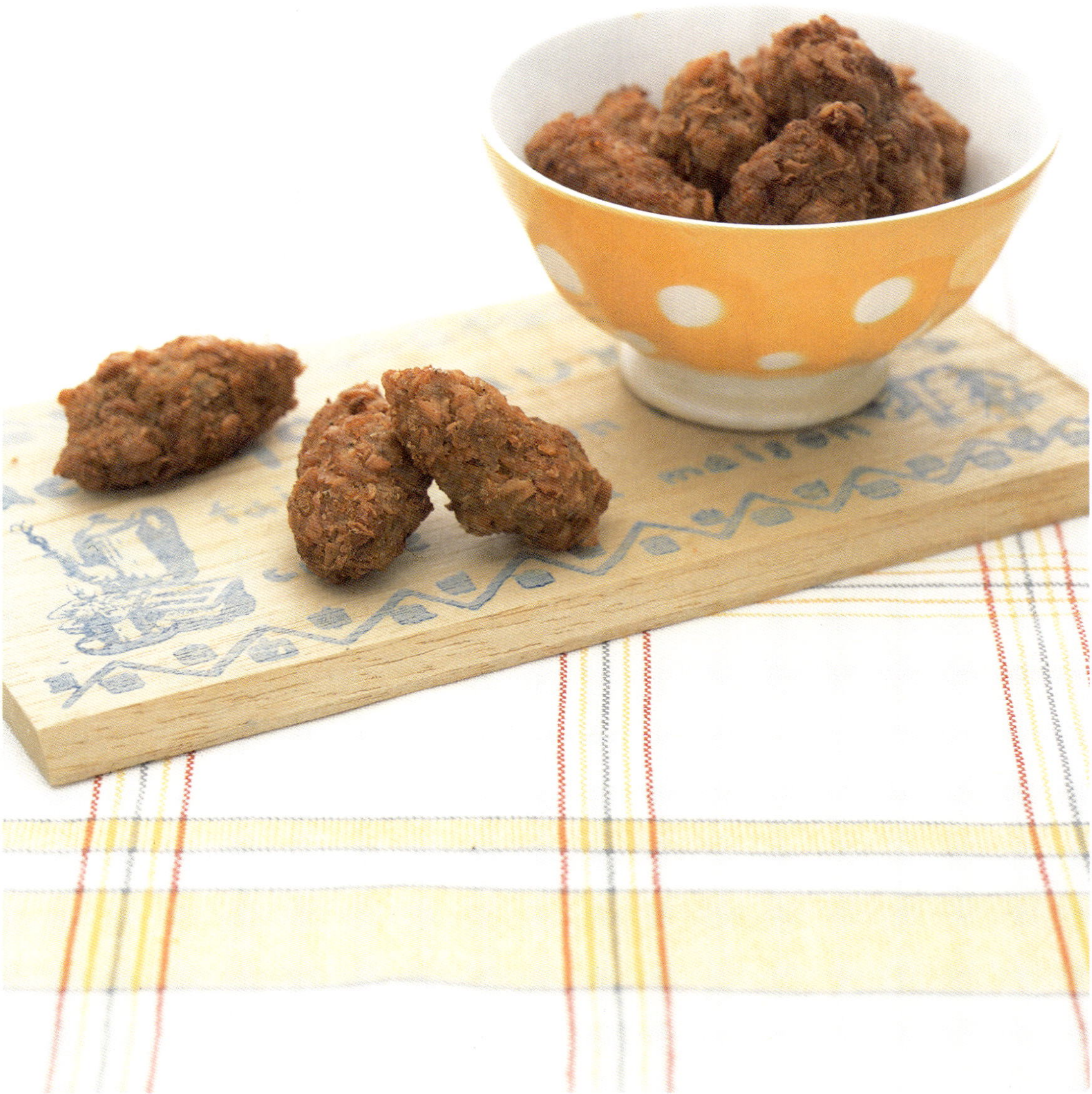

Tuesday

玄米ミルクのミューズリー

つくり方は材料に玄米ミルクをかけるだけ、のシンプルさ

●材料（4人分）
玄米ミルク …… 250〜300mℓ
オートミール …… 100g
レーズン …… 20g
りんご …… 1/4個
ローストアーモンド …… お好みで

●つくり方
1 玄米ミルクをボウルに入れ、オートミールとレーズンを15分くらい漬けておく。
2 りんごをいちょう切りにし、ローストアーモンドを適当に砕く。
3 **2**を**1**に加えてできあがり。

Tuesday

グラノーラスナック

ナッツとドライフルーツをふんだんに。噛みごたえがあります

●材料（約15枚分）
米飴 …… 大さじ1
自然塩 …… ひとつまみ
ピーナッツバター …… 大さじ1.5
りんごジュース …… 大さじ2

A ┃ オートミール …… 50g
　┃ かぼちゃの種 …… 12g
　┃ アーモンドスライス …… 30g
　┃ レーズン …… 20g
　┃ プルーン …… 5粒
　┃ 　＊レーズンと同じくらいの大きさに切る
　┃ 干しあんず …… 25g
　┃ 　＊レーズンと同じくらいの大きさに切る

●つくり方
1　米飴、自然塩、ピーナッツバター、りんごジュースを鍋に入れて中火にかけ、かき混ぜながら煮立たせる。
2　1分くらいしたら、Aを加え、混ぜ合わせてから火を止める。
3　オーブンシートを敷いた天板に流し入れ、生地を押しつけながら厚さ5mmくらいにのばす。
●もし生地がパサパサしていたら、**1**で煮立たせ過ぎたか、りんごジュースが少なかったのでしょう。その場合、**4**で焼き時間を短くしてみてください。
4　150℃にあたためたオーブンで約13分焼く。
5　さめるまでおき、適当な大きさに切り分ける。

Tuesday

きな粉入りくるみクッキー

カリッコリッ、きな粉とくるみのおいしい出会い

●材料（約30枚分）
くるみ……20g
オートミール……20g
米粉……150g
きな粉……20g
ベーキングパウダー……小さじ1/4

A
　無調整豆乳……50mℓ
　菜種油……大さじ3
　メープルシロップ……大さじ3
　自然塩……小さじ1/4

●つくり方
1　くるみは予熱なしで120℃のオーブンで約10分焼き（またはフライパンで炒る）、そのまま天板の上でさましたら、粗みじんに切る。
2　オートミール、米粉、きな粉、ベーキングパウダー、**1**のくるみをボウルに入れてよく混ぜる。
3　Aを別の容器で混ぜ合わせ、**2**に加えて生地をまとめる。
●まとまりにくいときは豆乳（分量外）を加えて調節してください。
4　生地を厚さ3mmくらいにのばして、好きなかたちに切る。
●生地がくずれやすいのでオーブンシートの上で生地をのばして切り、そのままシートごとそっと天板に移しましょう。
5　150℃にあたためたオーブンで約30分焼く。

Wednesday →

水曜はきび

雑穀のつぶつぶパワーをまるごといただきます！

mochikibi

hie

takakibi

　最近、雑穀のよさが見直されているようです。娘たちが通った幼稚園では、10年以上も前から、水曜日のおやつは、炊いたもちきびをかるくついて、だんごに丸め、きな粉をつけた「きびだんご」。もちきびは黄色いもち米という感じで、昔からおはぎや餅にしてきました。タンパク質やカルシウムなどの栄養分が豊富で、もちもちとした食感とふんわりとした口当たり、卵のようなコクがあります。

　もちきび以外は、園のおやつに出ませんでしたが、雑穀はお米に足りない栄養があるので、ぜひ取り入れてください。ひえはくせがなく簡単に炊けて用途が広く、離乳食にもピッタリ。アレルギーの除去食にもよく使われます。たかきびは弾力のある食感とコクのある味が特徴で、ポリフェノールや食物繊維を多く含みます。炊きあがりが挽き肉のような赤褐色で、ベジタリアンのお肉代わりにも使われます。

Wednesday

きびリングドーナツ

もちもち感と自然な甘み。ドーナツのイメージが変わります

●材料（直径約 6cm × 5 個分）
もちきび …… 1/2 カップ
りんごジュース …… 150mℓ
自然塩 …… 小さじ 1/8
さつまいも …… 100g
レーズン …… 25g
上新粉 …… 10g
玄米ぽんせん …… 1 枚（9g）
　＊細かく砕いておく
揚げ油 …… 適量

●つくり方
1　もちきびはよく洗って、ざるにあげておく。
2　りんごジュースと自然塩を鍋に入れて中火にかける。
3　沸騰したら、もちきびを入れて、木べらでかきまわしながら 2〜3 分ぐつぐつと火を通す。かきまわすときに鍋底が見えるようになったら、弱火にしてふたをして約 10 分炊く。
🌼この時、もし水分が残っていたら、さらに 2〜3 分炊きます。鍋に水分が残っていない状態が炊きあがりです。
4　炊きあがったら 10 分蒸らして、かき混ぜる。
5　さつまいもを蒸して、皮をむいてからつぶす。レーズンは粗みじんに切る。
6　**4** にさつまいも、レーズン、上新粉、ぽんせんを混ぜ合わせ、5 等分してリング状にする。
🌼手を少し水でぬらすと、くっつきが少なくなり、やりやすいですよ。
7　上新粉（分量外）をまぶし、揚げ油でこんがりと揚げる。

Tea Time 05　雑穀をおいしく食べるには

このドーナツは、もちもちとした食感と、もちきび、さつまいも、そしてドライフルーツの自然な甘さが本当においしく、普通のドーナツなんて忘れてしまうほど（ちょっとおおげさ？）。そのおいしさをひき出す大切なポイントは雑穀の扱い方にあります。まず、よく洗うこと。水に濁りがなくなるまで洗ってください。そして必ず沸いているお湯の中で炊くこと。たかきびやひえなどの雑穀でも同じです。蒸気と熱で雑穀のえぐみや気になる匂いがとびます。レシピではお湯ではなく、りんごジュースを沸かして炊きました。

35

Wednesday

いもきびだんご

雑穀おやつの入門に。おだんごを丸めるのは子どもにおまかせして

●材料（約30個分）
もちきび …… 1/2カップ
りんごジュース …… 150mℓ
自然塩 …… 小さじ1/8
さつまいも …… 100g
きな粉 …… 適宜

●つくり方
1　もちきびはよく洗って、ざるにあげておく。
2　りんごジュースと自然塩を鍋に入れて中火にかける。
3　沸騰したら、もちきびを入れて、木べらでかきまわしながら2〜3分ぐつぐつと火を通す。かきまわすときに鍋底が見えるようになったら、弱火にしてふたをして約10分炊く。
❀この時、もし水分が残っていたら、さらに2〜3分炊きます。鍋に水分が残っていない状態が炊きあがりです。
4　炊きあがったら10分蒸らして、かき混ぜておく。
5　さつまいもを蒸して、皮をむいてからつぶし、4に混ぜる。
6　ちいさく丸めてきな粉をまぶし、串に刺す。

Wednesday

きびおはぎ

あんの中から黄色いお月さま。見た目にもかわいい！

●材料（8個分）
　＊市販のあずきあん320gでも可
あずき …… 2/3カップ
昆布 …… 3×5cm（約2g）
水 …… 3カップ〜（かたさをみて調整する）
自然塩 …… 小さじ1/4
デーツ …… 12個
米飴 …… 大さじ1

A ｜ もちきび …… 1/2合（約80g）
　｜ りんごジュース …… 150mℓ
　｜ 自然塩 …… 小さじ1/8
　｜ さつまいも …… 小1/2本（約80g）

●つくり方（市販のあずきあん使用なら **6** から）

1 あずきは洗って、細かく切った昆布と水を一緒に鍋に入れて火にかける。
　🔸昆布はあずきと同じくらいの大きさに切ります。昆布を入れると、あずきがやわらかくなり、味がぐんとよくなるんです。

2 沸いてきたら、あずきが踊るくらいの火かげんにし、水が減ってきたら水を足す。

3 あずきが指でつぶれるくらいにやわらかくなったら、自然塩を加え、ときどきかきまわしながら煮続ける。

4 水分がほとんどなくなったら、みじん切りにしたデーツを加え、混ぜながらさらに火を入れる。

5 粒あん状態になってきたら米飴を入れて混ぜ、火を止める。

6 Aで「いもきびだんご」をつくる。つくり方は36ページの **1** 〜 **5** と同じ。

7 8等分して丸める。

8 あずきあんを40gずつ、かたく絞った布巾のまん中に広げ、**7** のだんごをのせて包む。

Wednesday

キャロブ＆プルーンのマフィン

食物繊維が豊富なプルーンとココア風味のキャロブ粉が入ったしっとりマフィンです

●**材料**（底径約5cmのマフィンカップ10個分）
プルーン ……18粒
もちきび ……大さじ1
上新粉 ……270g
キャロブ粉 ……40g
ベーキングパウダー ……大さじ1
A ┃ 無調整豆乳 ……280ml
　 ┃ 菜種油 ……100ml
　 ┃ メープルシロップ ……100ml
　 ┃ 自然塩 ……小さじ1/2

●**つくり方**
1 プルーンは適当な大きさに切り、もちきびは茶こしに入れてよく洗っておく。
2 上新粉、キャロブ粉、ベーキングパウダーをボウルに入れてよく混ぜる。
◆キャロブ粉にかたまりがある場合は、あらかじめふるっておきます。
3 Aを別の容器で混ぜ合わせて、**2**に加えて混ぜたら、さらにプルーンともちきびを入れてよく混ぜる。
4 マフィンカップに流し入れ、予熱なしで160℃のオーブンで約20分焼く。

キャロブ粉

Wednesday

ひえボール

ひと口で穀物をしっかりと。扱いやすく、くせのない味です

●材料（15個分）
ひえ …… 1/2カップ
レーズン …… 25g
ローストアーモンド …… 15g
りんごジュース …… 1カップ
自然塩 …… 少々
きな粉 …… お好みで
キャロブ粉 …… お好みで

●つくり方
1 ひえはよく洗って、ざるにあげておく。レーズンとローストアーモンドは粗みじんに切っておく。
🔸ひえは粒がちいさく細かいので、目の詰まったざるか布巾を敷いたざるで、こぼれないように洗います。
2 りんごジュースと自然塩を鍋に入れて火にかける。
3 煮立ったところにひえを入れて、木べらでかきまわしながら2〜3分ぐつぐつと火を通す。かきまわすときに鍋底が見えるようになったら、ふたをしてごく弱火で10分炊く。
4 炊きあがったら10分ほど蒸らしておく。
5 **4**にレーズンとローストアーモンドを加え、ひと口大に丸める。お好みできな粉やキャロブ粉をまぶす。

Wednesday

ひえのフルーツゼリーケーキ

つるんとしたのどごし。彩りもきれいなケーキです

●**材料**（直径21cmのタルト型1台分）
ひえ ……1カップ
りんごジュース（ひえ用）……2カップ
自然塩（ひえ用）…… 小さじ1/4
寒天パウダー……4g
りんごジュース（ゼリー用）……2カップ
自然塩（ゼリー用）…… ひとつまみ
メープルシロップ …… 大さじ1
レモン汁（お好みで）…… 小さじ1
いちご ……10個
　＊へたを取り、半分に切る
ブルーベリー ……80g

●**つくり方**
1　ひえはよく洗って、ざるにあげておく。
🌼ひえは粒がちいさく細かいので、目の詰まったざるか布巾を敷いたざるで、こぼれないように洗います。
2　ひえ用のりんごジュースと自然塩を鍋に入れて中火にかける。
3　煮立ったところにひえを入れて、木べらでかきまわしながら2〜3分ぐつぐつと火を通す。かきまわすときに鍋底が見えるようになったら、ふたをしてごく弱火で10分炊く。
4　炊きあがったら10分ほど蒸らしておく。
5　寒天パウダーをゼリー用のりんごジュースで煮とかし、自然塩とメープルシロップ、お好みでレモン汁を加えて味を調える。
6　炊いたひえをタルト台に敷き詰め、フルーツを並べる。
7　5の寒天液を注いで冷やし固める。

Tea Time 06　食欲のない時にもおすすめのケーキ

つるんとしたのどごしのゼリーは、とても食べやすく、穀物がしっかりととれるので、季節の変わり目や食欲のない時にもってこい！　りんごジュースにレモン汁を加えると、適度な酸味が加わって、よりさっぱり感が増します。レシピでは、ひえ用のりんごジュースに白濁したタイプ、ゼリー用にはクリアタイプを使いました。そうすることで見た目もきれいになりました。また、みかんジュースに代えてみたり、季節のフルーツをいろいろ入れたり……たのしみながらつくってくださいね。

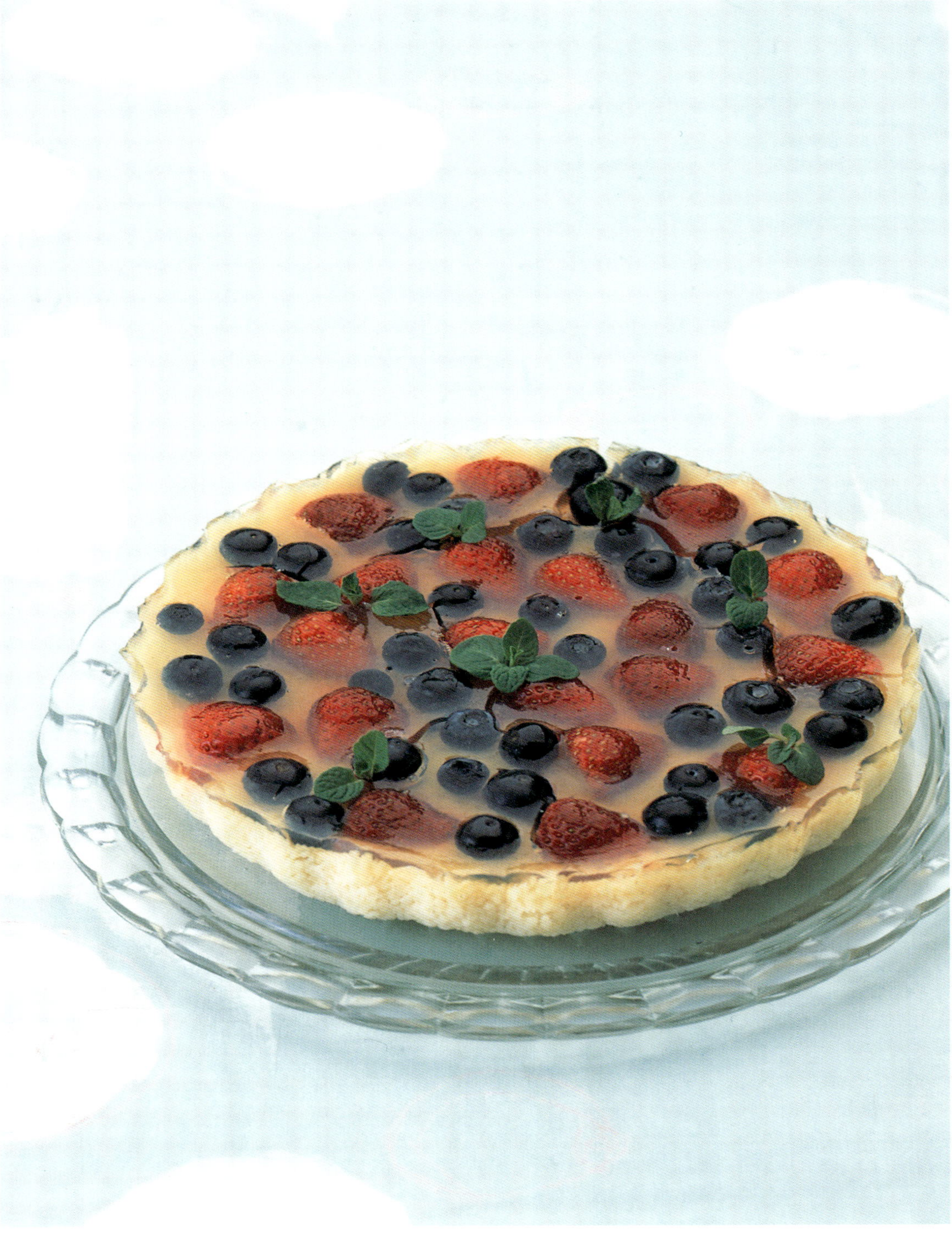

Wednesday

たかきび米粉パン

弾力のある食感とコクを、つぶつぶパンで味わって

●材料
（W11.5 × H6 × D6cm の焼き型 2 個分）
たかきび（炊いたもの）…… 大さじ 3
米粉 …… 150g
天然イースト …… 3g
A ┃ ぬるま湯 …… 170㎖
　┃ 菜種油 …… 小さじ 1
　┃ メープルシロップ …… 小さじ 1
　┃ 自然塩 …… 2g

●つくり方
1 たかきびをよく洗って、炊飯器で炊く。
● たかきびは、実際に使うのは大さじ 3 ですが、少量を炊くと焦げやすいので、1/2 カップを洗い、炊飯器に熱湯 150㎖ とともに入れ、3 時間後に炊くようにします。このレシピでは、最後にパン生地と一緒にオーブンに入れて熱するので、炊きあがりはかためで OK。普通の鍋で炊く場合は、一昼夜水につけてから、1.3 倍の量の水で炊いてください。
2 米粉と天然イーストをボウルに入れて混ぜる。
3 炊いたたかきび大さじ 3 と、A を別の容器で混ぜ合わせてから、**2** に加えてよく混ぜる。
4 オーブンシートを敷いた型に流し入れて、ラップをし、発酵させる。
● 35 〜 40℃ のオーブンに入れるか、あたたかな室内に置いておきます。
5 生地が 1cm くらいふくらんだら、ラップをはずし、予熱なしで 160℃ のオーブンで約 20 分焼く。竹串を刺して、生焼けの生地がつかなければ焼きあがり。

Tea Time 07　米粉パン＆お菓子の保存方法

おにぎりと同じように考えるとわかりやすいと思います。おにぎりをを冷蔵庫に入れるとカチカチになってしまいますよね。冷凍しておき、あたためなおせばおいしくいただけます。米粉パンやお菓子も 2 〜 3 日なら常温で保存したほうがおいしいのですが、カビが生えやすいので気をつけてください。冷蔵で 4 〜 5 日ぐらい、冷凍で 2 〜 3 週間はもちます。食べる時には、パンや冷蔵したケーキ、マフィンの場合は蒸さずにオーブントースターなどであたためなおしましょう。また、冷凍したケーキ類は常温解凍します。

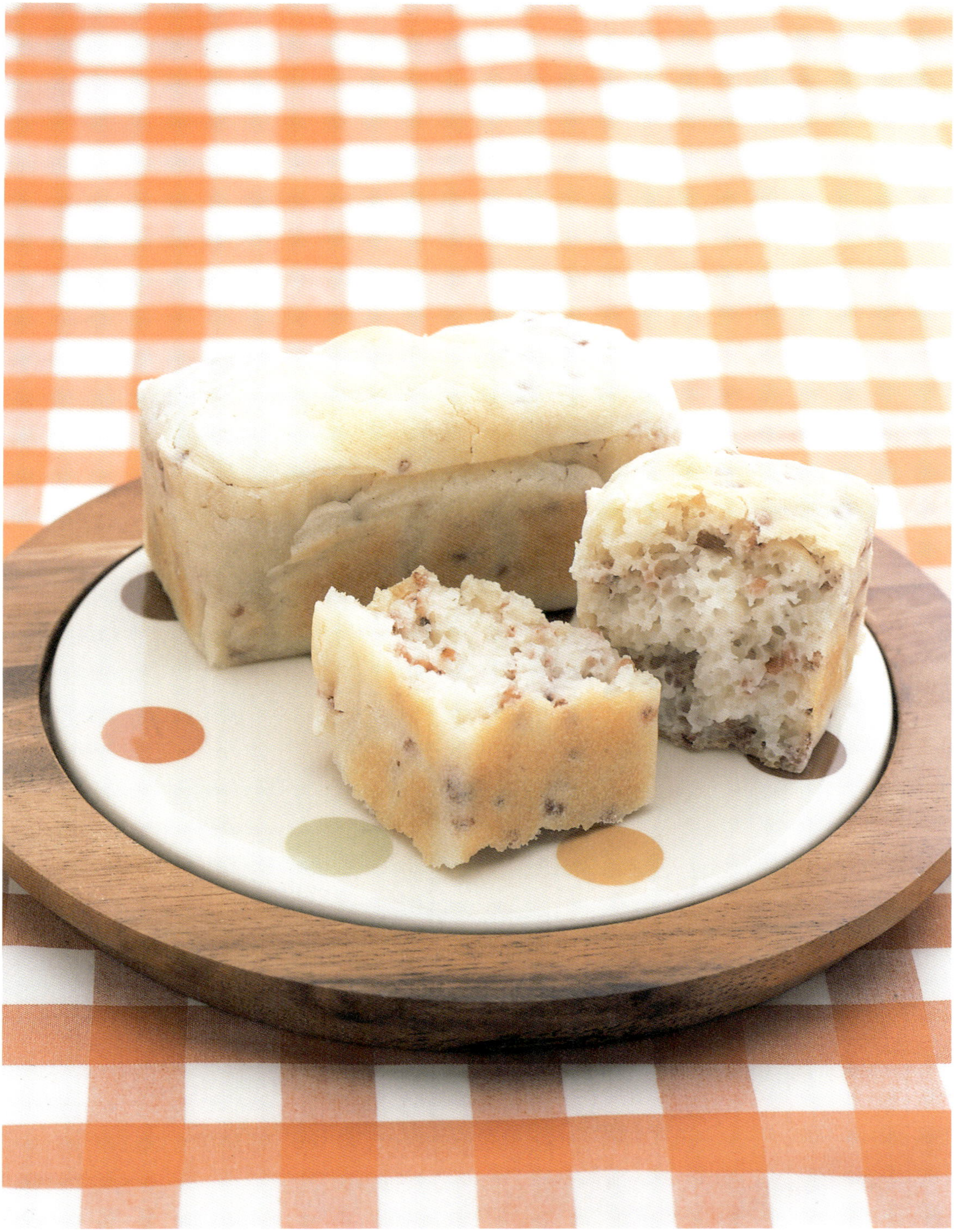

Wednesday

たかきびの肉まん風

手間がかかった分だけ、できあがった時の感動が大きいんです

●材料（5個分）
地粉 …… 150g
天然イースト …… 2g
ぬるま湯 …… 約90ml
菜種油 …… 小さじ1/2
自然塩 …… 2g
たかきび（炊いたもの）…… 50g
A [しょうが …… 少々
  たまねぎ …… 35g
  にんじん …… 15g
  ピーマン …… 1/2個
  しいたけ …… 1枚]
ごま油 …… 大さじ1/2
自然塩 …… 少々
しょうゆ …… 大さじ1/2

●つくり方
1　地粉と天然イーストをボウルに入れて混ぜ、ぬるま湯、菜種油、自然塩を混ぜたものを加えてよくこねる。ラップをして、生地が2倍にふくらむまで発酵（一次発酵）させる。
●35～40℃のオーブンに入れるか、あたたかな室内に置いておきます。
2　たかきびを洗って、1.3倍の量の水（分量外）と一緒に圧力鍋でやわらかめに炊く。
●たかきびは、少量を炊くと焦げやすいので、100g以上をまとめて炊くことをおすすめします。圧力鍋を使うと5～10分で、やわらかく炊けます。普通の鍋で炊く場合は、一昼夜水につけてから炊いてください。
3　Aの野菜をみじん切りにする。ごま油を熱したフライパンでしょうが、たまねぎ、にんじん、ピーマン、しいたけの順で炒めて、自然塩としょうゆで味をつける。
4　炊いたたかきび50gを3に加えてよくこね、5等分して丸める。
●フライパンの中で混ぜ合わせます。丸めるのにやわらかい場合は、スプーンを使うといいですよ。
5　1の生地を5等分して丸くのばし、4の具を包み、10分ほど置いておく（二次発酵）。
6　パラフィン紙（またはオーブンシート）にのせ、蒸気の上がった蒸し器で約15分蒸す。

Thursday →

木曜ははと麦

デトックス、と聞けば大人も食べたい食材です

hatomugi

　幼稚園の木曜日のおやつは「はと麦だんご」でした。白玉粉でつくったものとは違い、少しざらっとした舌触り。素材による味の違いや食感の違いが、子どもの味覚を育てるのに役立ちます。

　生のはと麦は、粉のほうが調理もしやすく食べやすいです。焙煎はと麦なら、香ばしさがおいしく、粒のまま調理できます。はと麦は昔から、肌荒れやいぼ、しみを改善すると言われ、民間療法的にも使われています。栄養学的に言えば、タンパク質、鉄、ビタミンB1・B2が豊富でアミノ酸のバランスがよく、新陳代謝を促進させ、解毒（デトックス）作用により化膿性疾患を改善します。

　シュタイナーの考えでは、実は、木曜日ははと麦ではないのですが、海外で人智学を勉強された先生方が、日本では何がいいのかと考え、はと麦になったのだと思います。

Thursday

ココナッツミルク汁粉

あずきとバナナを入れて、アジアンテイストなあったか汁粉

●材料（4人分）
はと麦（生）……1合
A ┃ 無調整豆乳（または玄米ミルク）
　┃　……300ml
　┃ ココナッツミルク……300ml
　┃ メープルシロップ……大さじ1
　┃ 自然塩……ひとつまみ
バナナ……1本
ゆであずき……25g
　＊市販のゆであずきでも可

●つくり方
1 はと麦をよく洗って、炊飯器で、目盛にあわせて熱湯（分量外）を入れて炊く。
● はと麦は熱湯を入れて炊いてください。水だと芯が残りますが、熱湯なら芯が残らずかために炊けます。普通の鍋で炊く場合は、1.2倍くらいの熱湯を入れて炊いてください。炊きあがりがかたい場合は、**3**で少し長めにはと麦を炊くといいですよ。
2 Aを鍋に入れてあたためる。
3 **2**に、輪切りにしたバナナと、炊いたはと麦を加え、バナナがやわらかくなったらできあがり。あたたかいまま、ゆであずきを添えていただく。

Tea Time 08　ときには「おたのしみの食材」を使って

このお汁粉は、東南アジアに行った時のことを思い出してつくりました。豆類や穀物を粒のままたっぷり入れたお汁粉は、向こうでは定番！　わたしのアレンジで、はと麦を使います。冷たくしてもおいしいですよ。子どもより、わたしのほうがお気に入りで、たくさん食べています（笑）。ココナッツミルクがないとアジアンな感じが出ないので、必須アイテムです。ただし、日本では収穫できない食材で、からだを冷やします。常食すると負担がかかりやすい「おたのしみの食材」ということを、忘れずに！

47

Thursday

はと麦だんご

ざらっとした舌触り。子どもに知ってほしい感覚です

●材料（約24個分）
はと麦粉（生）……120g
白玉粉……10g
自然塩……ひとつまみ
お湯……約120mℓ
メープルシロップ……適宜
きな粉……適宜

●つくり方
1　はと麦粉、白玉粉、自然塩をボウルに入れて混ぜる。
●白玉粉がかたまりの場合は、あらかじめすり鉢ですりつぶしておきます。
2　少しずつお湯を加えてこね、耳たぶくらいのかたさになったら、ひと口大のだんごにする。
3　ぬれ布巾かオーブンシートにのせて、蒸気の上がった蒸し器で約15分蒸す。
4　3を皿に盛りつけ、メープルシロップときな粉をかけていただく。

Thursday

黒豆おこし

ぽんせんと、黒豆と、はと麦の、つぶつぶなおいしさ

●**材料**（約10個分）
玄米ぽんせん……20g
はと麦（焙煎したもの）……30g
煎り白ごま……大さじ1
煎り黒豆……15g
A ┃ 米飴……大さじ3
　 ┃ 水……50mℓ
　 ┃ 自然塩……少々

●**つくり方**
1 ぽんせんを細かく砕き、はと麦、白ごま、黒豆と一緒にボウルに入れて混ぜる。
2 Aを鍋に入れて火にかける。表面全体がぶくぶくと泡立ってきたら、1分ほどそのままにした後、**1**を入れて混ぜて、すぐに火を止める。
3 オーブンシートを敷いた天板に移し、予熱なしで120℃のオーブンで約10分焼く。
●木べらで押さえつけるようにして、のすといいですよ。
4 さめてから適当な大きさに手で割る。
●ナイフで切る場合は、熱いうちにナイフを入れると、うまくカットできます。

玄米ぽんせん

Thursday

木の実の薬膳風おかゆ

はと麦と木の実の香ばしいおかゆです

●材料（4人分）
くるみ……15g
松の実……15g
A ┌ はと麦粉（焙煎したもの）……50g
　│ 黒砂糖……大さじ1
　│ 自然塩……小さじ1/8
　└ 水……1.5カップ
なつめ……2～3粒

●つくり方
1 くるみと松の実は合わせてフライパンでかるく炒り、すり鉢でする。
2 **1**とAを鍋に入れて火にかけ、かき混ぜながら煮る。
3 もったりとしてなじんだら火を止め、器に注ぎ分ける。
4 なつめは種を取って、渦巻状に巻いてから2～3mmの薄さに切り、**3**に入れて飾る。

なつめ、くるみ、松の実

Tea Time 09　木の実もおやつに取り入れましょう

木の実は豆類とともに、ビタミン、ミネラル、タンパク質などの栄養価の高い自然食。そのまま食べられるので、とてもおすすめです。しかし、一粒で大きな木になるエネルギーをもっているのも確かですし、豆類もつるが動物のように動いてのびることから、シュタイナー的には動物性食品に近いとされます。食べすぎには気をつけましょう。ただし豆類でも、納豆や味噌など日本の発酵食品は大丈夫です。また、豆腐や豆乳、きな粉、煎ってあるものなど、豆の加工品も利用するとおやつの幅が広がりますよ。

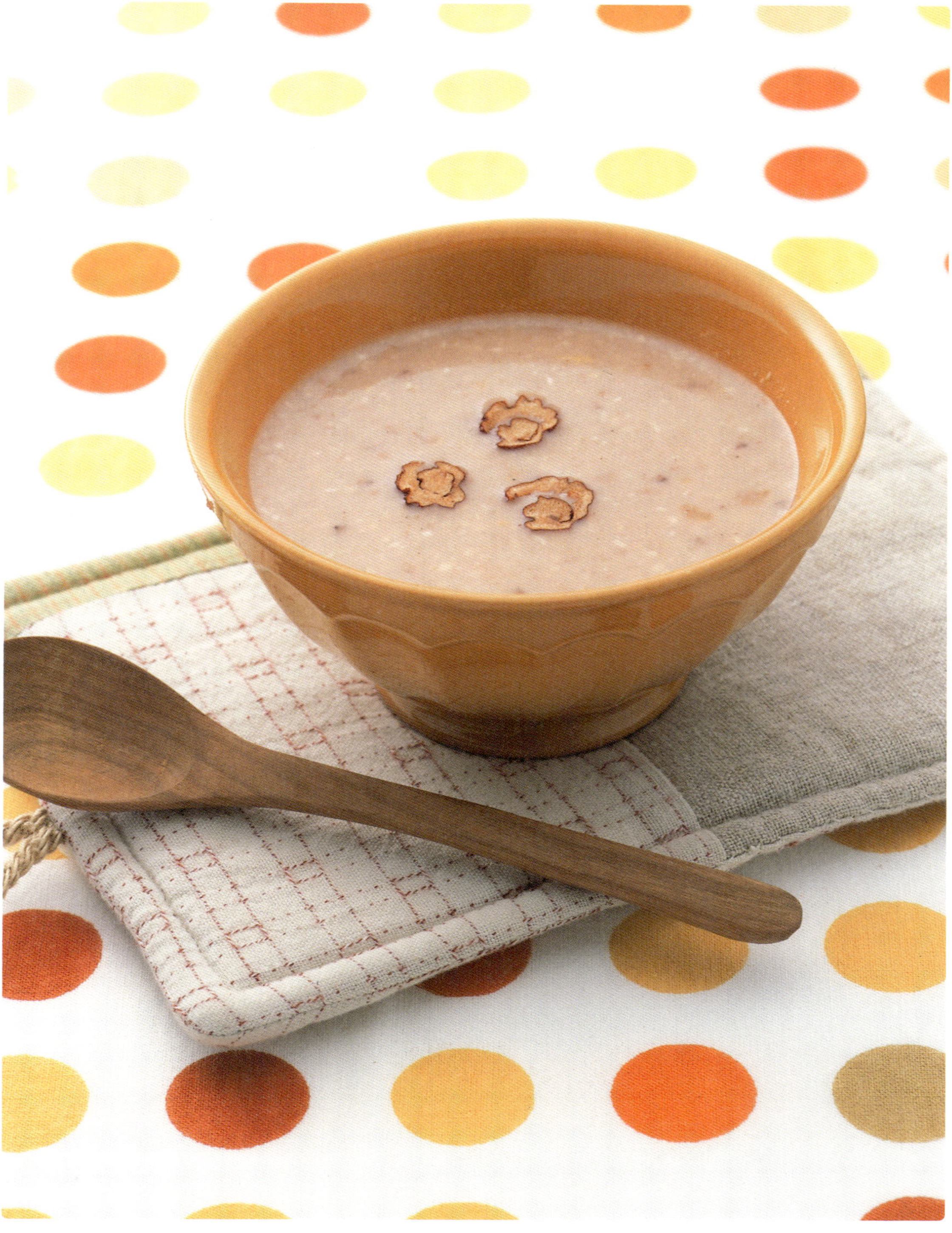

Thursday

はと麦すいとん

根菜を使って、栄養満点の食事のできあがり

●材料（4人分）
はと麦粉（生）……100g
自然塩……小さじ1/4
水（だんご用）……約80mℓ
A ┃ ごぼう……20g
　 ┃ にんじん……40g
　 ┃ 大根……120g
　 ┃ かぼちゃ……100g
ごま油……小さじ1
昆布……4×10cm（約3g）
水（汁用）……800mℓ
味噌……大さじ4（お好みで加減）
ねぎ……適宜
　＊ななめ切りにする

●つくり方
1 はと麦粉と自然塩、水（約80mℓ）をボウルに入れてよく練り、ひと口大のだんごにする。
● 水は少しずつ入れ、生地が耳たぶより少しかたくなるように加減してください。
2 Aの野菜を適宜に切り、あたためた鍋にごま油を入れ、ごぼう、にんじん、大根、かぼちゃの順に炒める。
3 昆布と水（800mℓ）を加え、野菜がやわらかくなるまで煮る。
4 **3**の野菜汁に**1**のだんごを入れる。
5 だんごが浮いてきたら、味噌で調味し、ねぎを加え、さっと火を通したらできあがり。

はと麦粉

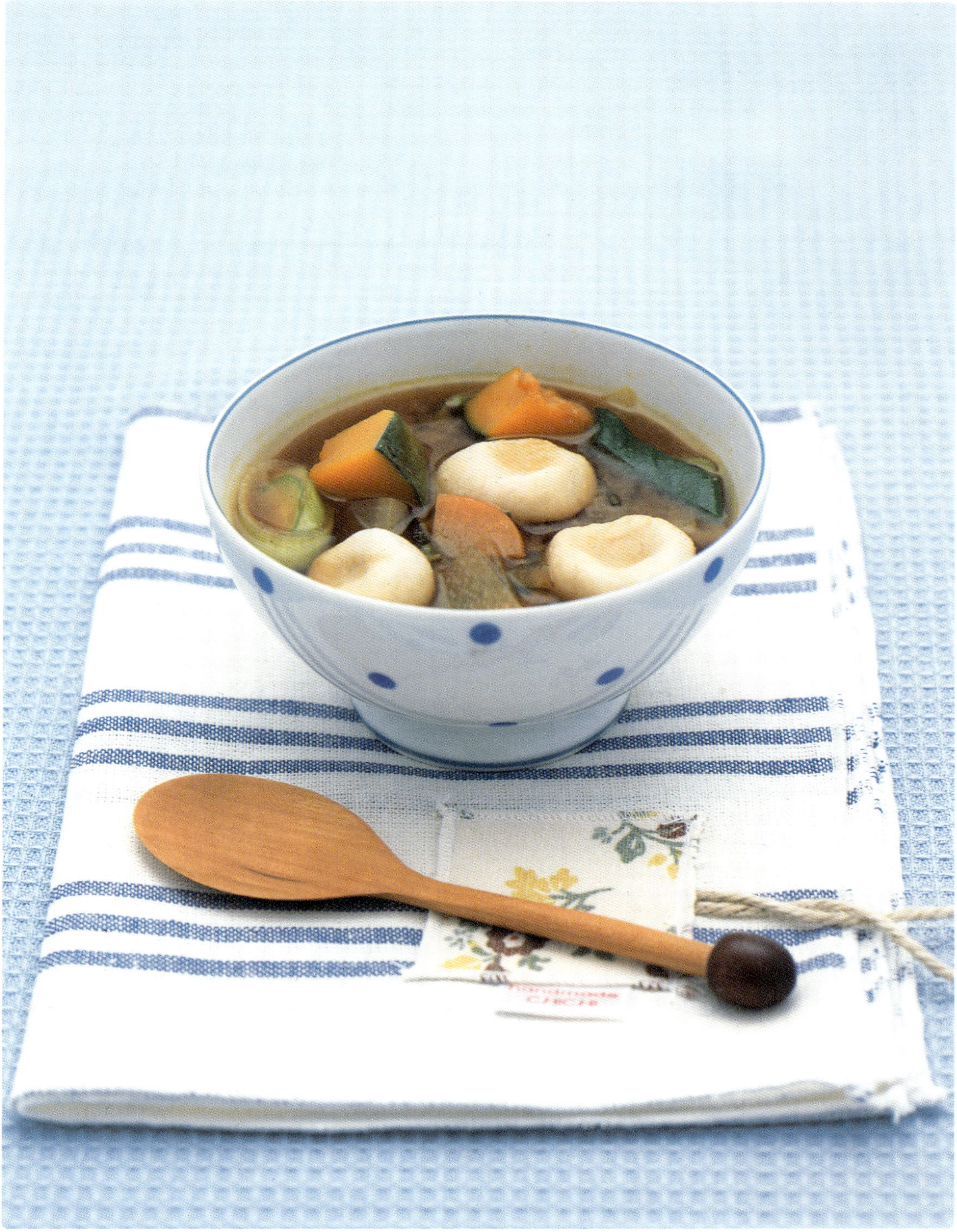

Thursday

じゃがいもニョッキ

もっちりとしたニョッキをバジルペーストであえました

●材料（約25個分）
じゃがいも …… 250g
自然塩 …… 小さじ1/4
はと麦粉（生）…… 50g
上新粉 …… 20g
バジルペースト …… 小さじ1.5（お好みで加減）

●つくり方
1 じゃがいもは蒸してから皮をむき、自然塩を加えて、つぶす。
2 あたたかいうちに、はと麦粉と上新粉を加えてよく練る。
●水分が少なければ、水（分量外）を加えてまとまりよくしてください。
3 生地をちいさくぎゅっと握って親指大のかたまりにし、中心をつぶす。
4 鍋に湯（分量外）を沸かし、沸騰したら **3** をゆでる。
5 浮いてきたら、20〜30秒ゆでて水分を切り、バジルペーストであえる。
●とけやすいので、ゆで時間は短めにしてくださいね。
●バジルペーストによって塩分の量が違うので、自然塩（分量外）でお好みの味に加減してください。

Friday →

金曜はライ麦

噛めばかむほど甘味が出てきます

rainugi

　ライ麦は、小麦の育たない東欧や北欧の寒冷地で栽培される寒さに強い穀物。いわゆる黒パンの原料です。黒いものは概して栄養価の高いものが多いですが、ライ麦も例にもれず、小麦の2倍の食物繊維を含み、必須アミノ酸のリジンが豊富に含まれています。リジンは子どもの成長をうながし、カルシウムの代謝を助けるアミノ酸です。
　特有の酸味や風味が、噛んでいるとくせになるおいしさです。栄養価が高いのと、独特の風味で、欧米の方にはとても人気があります！
　園での金曜日のおやつは、ライ麦粉と小麦の全粒粉を混ぜ、少しの菜種油と水を加えただけの素朴な「ライ麦クッキー」でした。かたいので、薄くのばして焼きあげます。甘くないし、クッキーというよりも、かためのクラッカーです。子どもたちは、よく噛んで味わいますから、穀物の甘味を感じられる味覚が育ちます。

Friday

ベリーのライ麦パン

くせのあるライ麦は、酸味のあるドライフルーツを入れて食べやすく

●材料（直径約15cmの丸形1個分）
地粉 …… 200g
ライ麦粉 …… 100g
A ┌ ホシノ天然酵母
  │   （起こした状態のもの）…… 21g
  │   ＊起こし方は、商品の袋に書いてあります
  │   ＊天然イースト3gでも代用できます
  │ ドライクランベリー …… 20g
  │ ドライブルーベリー …… 15g
  │ 水 …… 約180ml前後
  │   ＊粉の種類や季節によって加減
  │ 菜種油 …… 小さじ2
  └ 自然塩 …… 3g

●つくり方
1 地粉とライ麦粉をボウルに入れて混ぜる。
● お好みで地粉とライ麦粉の配分を変えてもいいですよ。ライ麦の量が増えるほど、パンのふくらみは抑えられます。
● 天然イーストを使う場合は、ここに加えてよく混ぜます。
2 Aを別の容器で混ぜ合わせ、**1**に入れてこねる。
3 生地を丸くまとめて、乾かないようにラップなどをして醗酵させる（一次醗酵）。
● 35～40℃のオーブンに入れるか、あたたかな室内に置いておきます。
4 約1.5～2倍にふくらんだら生地をぎゅっと押して、空気を抜く。
5 もう一度、生地を丸くまとめて、乾かないようにしてしばらく置いておく（二次醗酵）。
6 生地が1.5倍くらいにふくらんだら、十文字に切れ目を入れ、切れ目に刷毛で菜種油（分量外）をぬり、180℃にあたためたオーブンで約30分焼く。

Tea Time 10　パンは子どもがこねるとおいしくなる！

ライ麦にはくせというか、特有の酸味があります。食べにくく感じることもあるのですが、このパンは、ライ麦粉と小麦粉を混ぜ、酸味のあるドライフルーツを加えて食べやすい味にしました。ぜひ、お子さんと一緒に生地をこねてつくってください。子どもは夢中になって一生懸命こねるので、生地のきめは整うし、ふくらみもよくなります。何よりも「おいしくな～れエネルギー」が入って、本当においしくなるんです！　ただし妊婦さんがこねるのは要注意。小麦とライ麦が熱をうばうので、からだを冷やすことがあります。

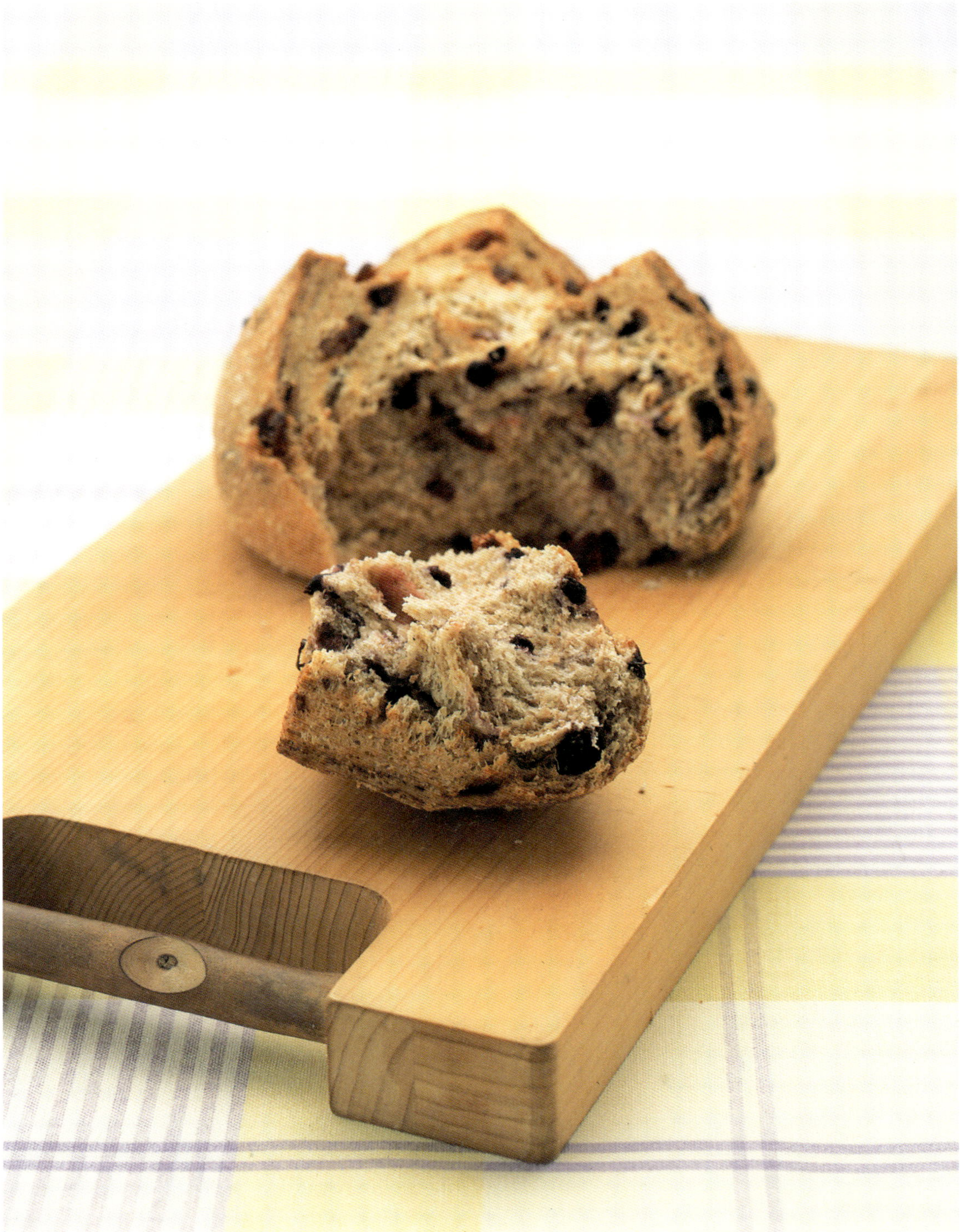

Friday

チャパティ ＆ 味噌風味のイタリアンスープ

素朴な味わいのチャパティは、野菜たっぷりのスープと一緒にどうぞ

●チャパティの材料（6人分）
ライ麦粉 …… 50ｇ
地粉 …… 200ｇ
自然塩 …… 小さじ 1/2
水 …… 約 130 ㎖
オリーブオイル …… 小さじ 1 強

●つくり方
1　ライ麦粉、地粉、自然塩をボウルに入れて混ぜる。
2　水を少々残して、1 に加えてこね、残した水で生地のやわらかさを調整しながら、よくこねる。
●生地がパサリと割れないくらいのなめらかさが目安です。
3　2 にオリーブオイルを加えてさらにこねたら、生地が乾かないように、ボウルにラップなどをして 30 分以上おく。
●しっかりと 30 分以上休ませ、いじり過ぎないことが、うまくいくポイントです。
4　生地を 6 等分して丸め、ひとつずつめん棒で直径 13 ㎝ くらいの円形にのばす。
5　あたためたフライパンに油（分量外）をひき、うすく焼き色がつくくらい両面を焼いたら、直火で 2〜3 秒あぶる。
●網にのせたりしないで、直火にポン！　そうすると生地がプクッとふくらみます。

●スープの材料
A ┌ 玉ねぎ …… 中 1/2 個
　│ かぶ …… 小 1 個
　│ にんじん …… 小 1/4 本
　│ キャベツ …… 大 1/2 枚
　└ さつまいも …… 中 3 ㎝
小松菜 …… 1 株
オリーブオイル …… 大さじ 1
水 …… 約 3 カップ
赤レンズ豆（レッドレンティル） …… 大さじ 1
ローリエ …… 1 枚
自然塩 …… 小さじ 1/4
麦味噌（甘めの味噌なら何でも可） …… 小さじ 1
ミックスハーブ（乾燥） …… 適宜

●つくり方
1　野菜は 1 ㎝ 角くらいに大きさをそろえて切る。小松菜は塩ゆでしてから切る。
●季節の野菜なら何でも OK！　5〜6 種類を適宜使ってください。
2　鍋にオリーブオイルを入れて弱火にかけ、A の野菜を炒める。全体に油がまわったら、かぶるくらいの水（約 3 カップ）を入れ、赤レンズ豆、ローリエ、自然塩を加えて煮る。
3　A の野菜がやわらかくなったら小松菜を加え、味噌と自然塩（分量外）で調味する。さらにハーブを加えてできあがり。

59

Friday

米粉クレープのラップサンド

蒸し野菜をくるくるっ！　味噌ディップが野菜の味をひきたてます

●クレープの材料（8個分）
ライ麦粉 …… 20g
上新粉 …… 50g
くず粉 …… 大さじ1
自然塩 …… ひとつまみ
A ┃ 無調整豆乳 …… 約180mℓ
　┃ メープルシロップ …… 小さじ1
　┃ 菜種油 …… 小さじ1
オリーブオイル …… 適量
野菜（キャベツ、きゅうり、さつまいも、にんじん、大根などお好みで）…… 適宜

●味噌ディップの材料
くるみ …… 30g
白味噌 …… 大さじ2
白ごまペースト …… 小さじ2
自然塩 …… ひとつまみ
水 …… 適宜

●つくり方
1　ライ麦粉、上新粉、くず粉、自然塩をボウルに入れて混ぜる。
●ライ麦粉と上新粉だけでクレープにすると割れやすいので、つなぎとしてくず粉を入れています。
2　Aを別の容器で混ぜ合わせ、1に加えてよく混ぜる。
3　あたためたフライパンにオリーブオイルをひき、2をお玉で1杯ずつ流し入れ、両面を焼く。
●直径約10cmのものを8枚焼きます。
4　キャベツはちいさくちぎり、ほかの野菜は長さ約10cmのスティック状に切る。キャベツ、さつまいも、にんじん、大根などは蒸しておく。
●ほかにもかぼちゃやブロッコリー、生野菜ならセロリやトマトなどがおすすめです。
5　味噌ディップをつくる。くるみをフライパンで炒り、すり鉢でする。白味噌、白ごまペースト、自然塩を加え、さらによくすり合わせる。
●この時、水を少量ずつ加えながら、適度なゆるさにする。
6　焼いたクレープに味噌ディップをぬり、野菜を巻く。

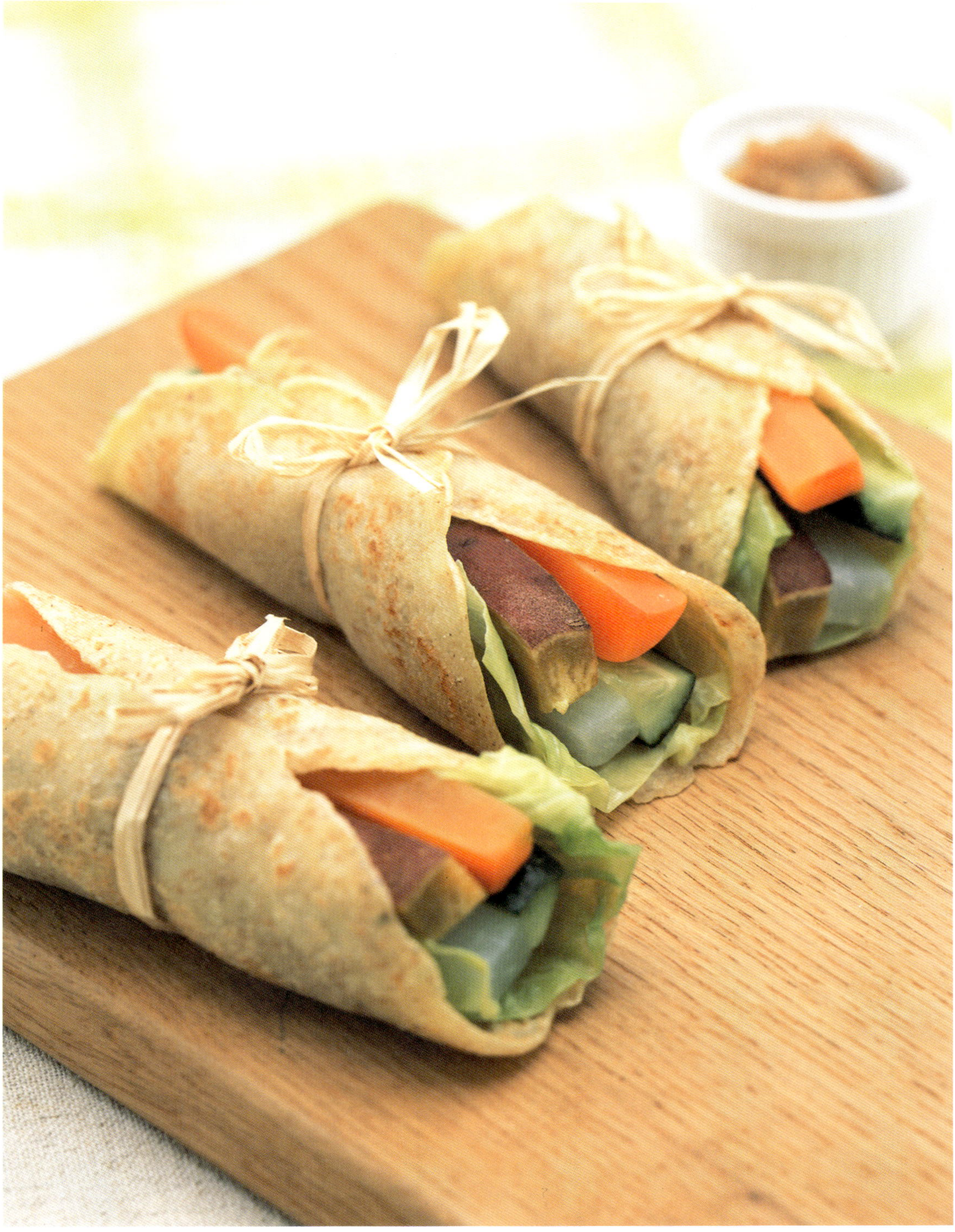

Friday

ライ麦クラッカー

薄く焼きあげた素朴な味。素材の甘味を味わってほしいから

●材料（約6〜7人分）
ライ麦粉 …… 75g
米粉 …… 75g
自然塩 …… 小さじ1/2
菜種油 …… 大さじ2
りんごジュース …… 80mℓ

●つくり方
1 ライ麦、米粉、自然塩をボウルに入れてよく混ぜたら、菜種油を加え、すり合わせるようにしてなじませる。
2 りんごジュースを加え、こねないようにまとめる。
3 めん棒で生地を薄くのばし、2cm角に切り分ける。
4 180℃にあたためたオーブンで約12分焼く。
● オーブンシートは敷かなくてもくっつかないので大丈夫です！

saturday →

土曜はとうもろこし

粉にして食べてもおいしいんです

tounorokoshi

　とうもろこしは強い甘味と独特のコクがあり、穀物をとる量を増やすのにおすすめです。ただし、ほかの穀物に比べ、ずっと糖分が多いので、アトピーのお子さんは、量を減らしてくださいね。
　とうもろこしを主食にしている国々では、粒のまま食べるよりも、粉にしてから調理するほうが多いそうです。収穫後、時間とともに栄養分が失われていくので、すぐに加工するためにも、主食として季節に関係なく食べられて、保存できる粉食が向いているのですね。全粒粉のコーンミールや粒の粗いコーングリッツ、乾燥させたポップコーン用のとうもろこしもあります。
　娘たちの通った幼稚園は土曜日がお休みでしたので、わが家のおやつを参考にしていただけるとうれしいです。

saturday

じゃがいも餅

うちの子どもたちのイチオシ。甘くないので、おかずにもなります

●材料（8個分）
じゃがいも …… 300g
水 …… 約100mℓ
A [とうもろこし（ゆでた粒）…… 100g
片栗粉 …… 30g
自然塩 …… 小さじ1/4
無調整豆乳 …… 30mℓ]
ごま油 …… 適量
海苔 …… 1/2枚
しょうゆ …… 適宜

●つくり方
1　じゃがいもは皮をむき、ちいさめのひと口大に切る。鍋にひたひたの水（約100mℓ）を入れ、やわらかくなり、汁がなくなるまで煮てから、つぶしておく。
2　Aを加えてよく混ぜ合わせる。
3　2を8等分して小判形にまとめ、ごま油を熱したフライパンで、両面をきつね色になるまで焼く。
4　海苔を巻いて、しょうゆをつけていただく。

Tea Time 11　じゃがいもの食べ過ぎはよくない!?

このページのレシピ「じゃがいも餅」や、54ページの「じゃがいもニョッキ」では、おもな材料のひとつにじゃがいもを使っています。実は、シュタイナーは、じゃがいもをたくさん食べることはよくないと言っています。じゃがいもを消化するのにはたいへんなエネルギーが必要で、頭部に影響し、からだが虚弱になる……と。この点について、心配されている方もいらっしゃるかもしれませんね。でも、日本人が食べる量は、ヨーロッパのひとに比べてはるかに少ないので、あまり気にしなくてよいでしょう。

65

saturday

コーンマフィン

コーンミールのぷちぷち感とさっくりした食感がユニークです

●材料（底径約6cmのマフィンカップ6〜7個分）
上新粉 …… 200g
コーンミール …… 100g
ベーキングパウダー …… 大さじ1
A ┃ 無調整豆乳 …… 250㎖
　┃ 菜種油 …… 100㎖
　┃ メープルシロップ …… 80㎖
　┃ 自然塩 …… 小さじ1/2
　┃ とうもろこし（ゆでた粒）…… 大さじ3
　┃ ＊分量とは別に飾り用を適宜とっておく

●つくり方
1　上新粉とコーンミール、ベーキングパウダーをボウルに入れてよく混ぜる。
2　Aを別の容器でよく混ぜ合わせ、**1**に加えて混ぜる。
3　マフィンカップに**2**を流し、とうもろこし（分量外）を飾り、予熱なしで160℃のオーブンで約20分焼く。

Saturday

コーンミールパン

とうもろこしの粉でつくるもっちりどっしりパン

●**材料**（5×10cmのパウンド型3個分）
上新粉……100g
コーンミール……50g
天然イースト……4g
A ┌ 無調整豆乳……180mℓ
  │ 菜種油……小さじ1
  │ メープルシロップ……小さじ1
  │ 自然塩……3g
  └ とうもろこし（ゆでた粒）……大さじ2

●**つくり方**
1 上新粉とコーンミール、天然イーストをボウルに入れてよく混ぜる。
2 Aを別の容器で混ぜ合わせ、1に加えて混ぜる。
3 オーブンシートを敷いた型に流し入れて、ラップをし、発酵させる。
❀ 35〜40℃のオーブンに入れるか、あたたかな室内に置いておきます。
4 生地が1cmくらいふくらんだら、ラップをはずし、予熱なしで160℃のオーブンで約18〜20分焼く。竹串を刺して、生焼けの生地がつかなければ焼きあがり。

コーンミール

Saturday

セサミキャラメルポップコーン

コーンがはじける様子も子どもと一緒にたのしんで

●材料（4人分）
ポップコーン用の乾燥とうもろこし …… 50g
菜種油 …… 小さじ 1/2
A ┌ 米飴 …… 大さじ 4
　├ 白ごまペースト …… 大さじ 2
　└ 自然塩 …… ひとつまみ

●つくり方
1　鍋に菜種油を入れて火にかける。
●とうもろこしがはじけて、かさが増えるので深めの鍋がおすすめです。
2　とうもろこしを入れてふたをしたら、鍋をゆすってポップコーンをつくる。
●できたポップコーンは、いったん取り出しておき、**3** では空いたその鍋を使うといいでしょう。
3　A を鍋に入れて火にかけ、ふつふつと泡が出てきたところにポップコーンを入れて、手早く絡めてから火を止める。
4　オーブンシートを敷いた天板に **3** を広げて、120℃にあたためたオーブンで約 5 分焼く。

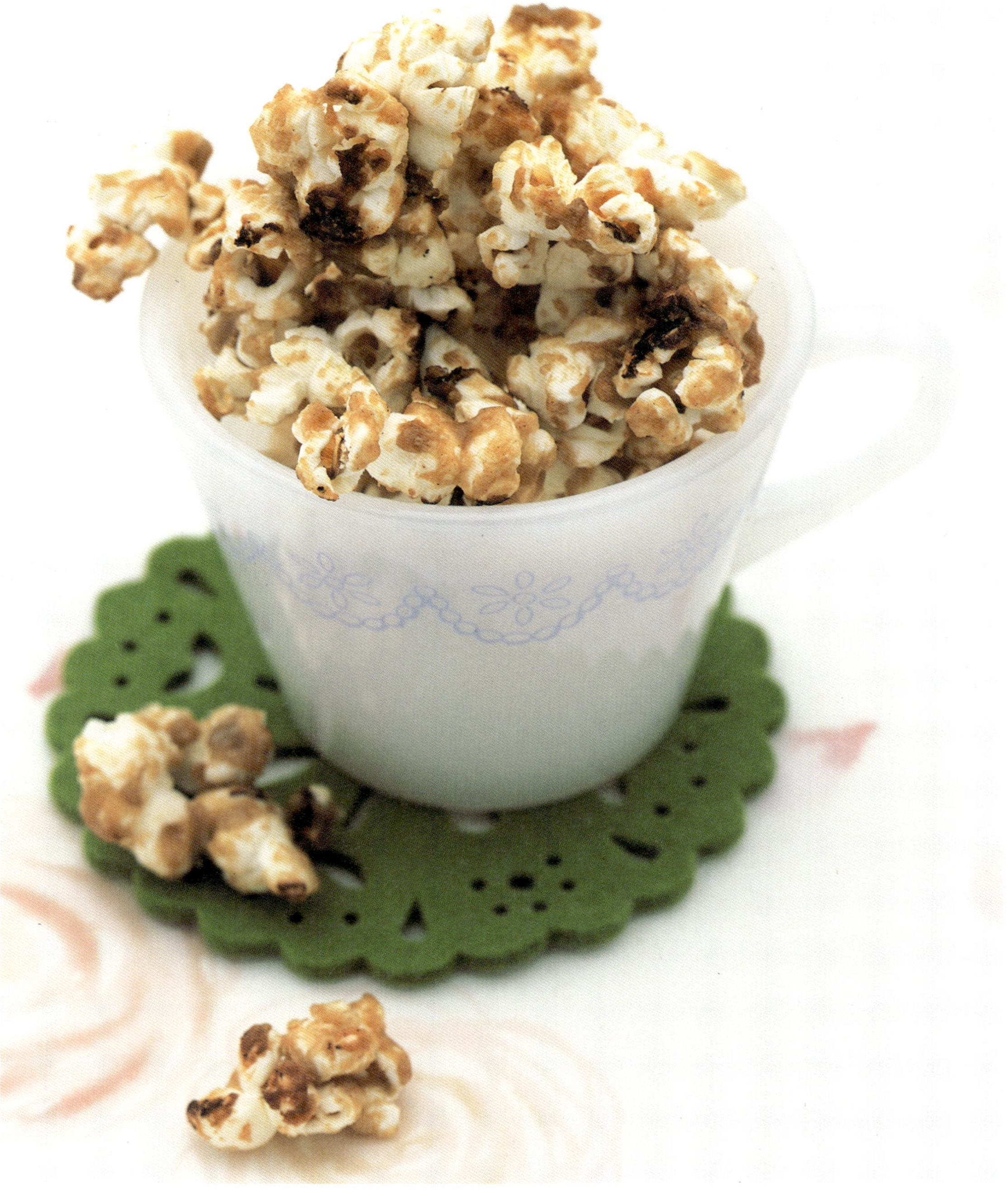

Saturday

コーングリッツのおかゆ

洋風おかゆは、黒こしょうで味をひきしめて

●材料（4人分）

A ┃ コーングリッツ（またはコーンミール）
　 ┃ 　……1カップ
　 ┃ 無調整豆乳（または水）……約400mℓ〜
　 ┃ 自然塩……小さじ1/2

黒こしょう……適宜

●つくり方

1　Aを鍋に入れて中火にかけ、かき混ぜながら、もったりするまで煮る。
●水分量は好みのやわらかさになるように、塩もお好みで加減してください。
2　黒こしょうをかけていただく。

Tea Time 12　アメリカでお気に入りになった朝食

このコーングリッツのおかゆは、アメリカのシュタイナー学校に行ったときに、娘たちがよろんで食べていた朝食です。ホームステイ先のシュタイナー幼稚園の助手の先生のお宅でいただいたものを、アレンジしてみました。週末のブランチで豪華版になると、パンやサラダ、卵などとともにサイドディッシュのように出てくるので、穀物をたくさんとることができました。普段の朝食に出るときはコーングリッツのおかゆだけで、とけるチーズを入れていましたが、入れなくても十分おいしいので、お好みでお使いくださいね。

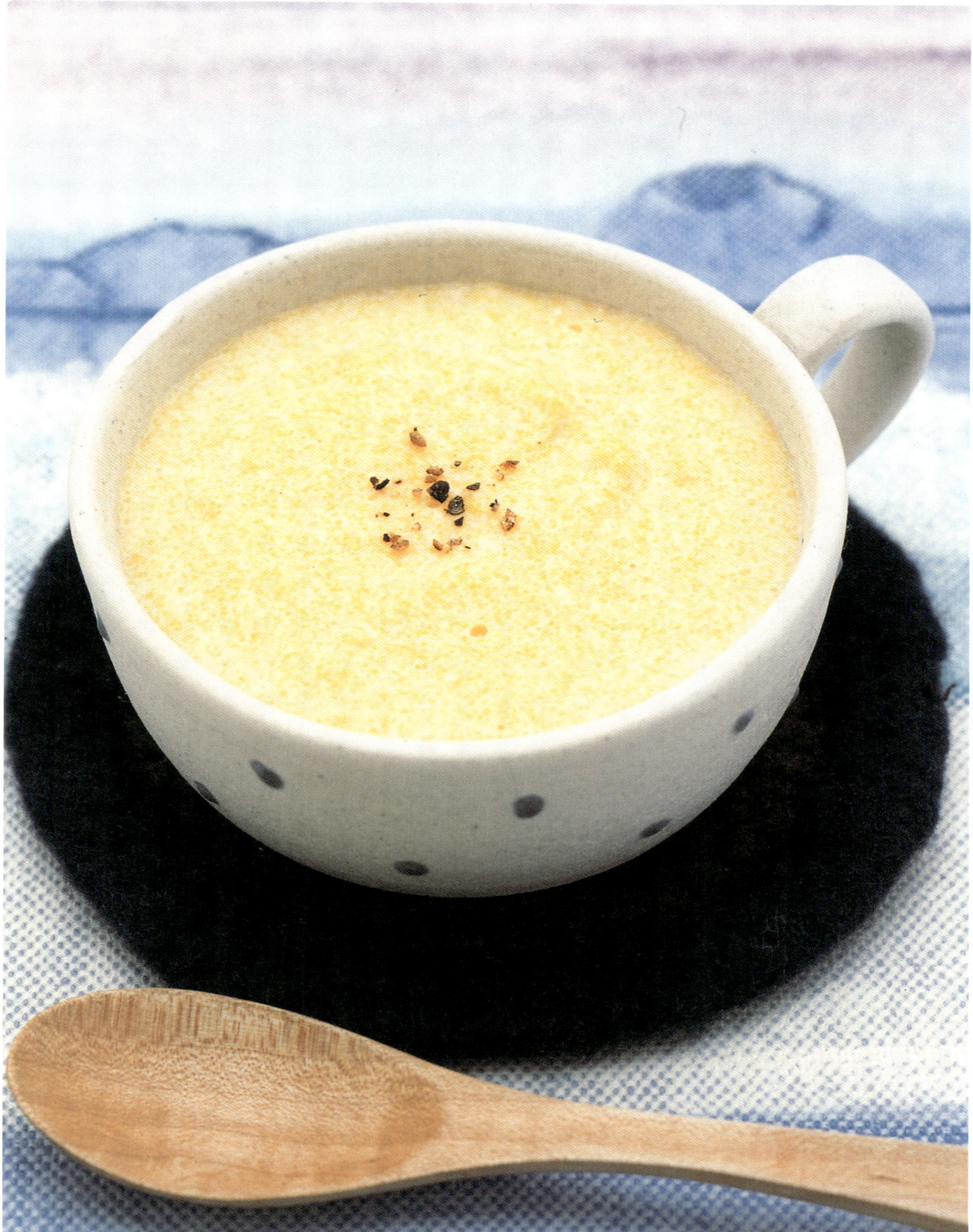

saturday

ココナッツパンケーキ

つぶつぶコーンの甘味と、ココナッツの風味が絶妙

●材料（直径約10cm×5枚分）

A
- とうもろこし（ゆでた粒）……100g
- 上新粉……70g
- ココナッツミルク……大さじ3
- ココナッツパウダー……大さじ1
- 白ごま（煎っていないもの）……大さじ1
- メープルシロップ……大さじ1
- 自然塩……ひとつまみ
- 無調整豆乳（または玄米ミルク）……50mℓ

菜種油……適量

●つくり方

1　Aをボウルに入れて混ぜ合わせる。
◉ココナッツミルクが冷たくて固まっている場合には、湯せんでとかしてから、よく混ぜて使ってください。

2　あたためたフライパンに菜種油をひき、1を流し入れ、中火で両面をこんがりと焼く。

saturday

とうもろこしだんご

おだんごにクリームコーン！　新鮮な味です

●材料（7本分）

A ┌ 白玉粉 …… 100g
　├ クリームコーン …… 120g
　├ とうもろこし（ゆでた粒）…… 30g
　├ 水 …… 約20mℓ
　└ 自然塩 …… 小さじ1/8
しょうゆ …… 適宜

●つくり方

1　Aをボウルに入れてこねる。
◦材料を一度に入れてしまうと、白玉粉がとけずダマになることがあります。あらかじめすり鉢で白玉粉をすりつぶし、水分が中に入るよう、クリームコーンを少しずつ加えるといいです。
2　生地が耳たぶくらいのかたさになったら、ひと口大のだんごにする。
◦だんごは21個つくり、後で3個ずつ串に刺して7本にします。
3　鍋に湯（分量外）を沸かし、沸騰したら**2**をゆでる。
4　だんごが浮いてきたら、冷水にとってさます。
5　竹串にだんごを刺し、焼き網にのせて、ほんのり焦げ目がつくように焼く。
◦焼くときは、完全にさめていないと、網にくっつきやすいので注意してください。焼かないで、しょうゆをぬっただけで食べてもおいしいですよ。
6　仕上げにしょうゆを刷毛でぬる。

saturday

トルティーヤ風チップス

パーティーでも大活躍。コーンの風味が口いっぱいに広がります

●材料（約40個分）
上新粉……25g
片栗粉……15g
重曹……ひとつまみ
熱湯……60mℓ
コーンミール……60g
自然塩……ひとつまみ
揚げ油……適量
サルサソース……お好みで
ケチャップ……お好みで

●つくり方
1　上新粉、片栗粉、重曹をボウルに入れてよく混ぜる。
2　熱湯を注いでよく練り、さらにコーンミールと自然塩を加えてこねる。
3　生地を薄くのばし、約4cmの正方形を半分に切って三角形にする。
●生地はパサリと割れるような感じでOK！　これは米粉の特徴です。
4　揚げ油でこんがりと揚げ、お好みでサルサソースやケチャップを添えていただく。

Sunday →

日曜は小麦

おひさまの恵みと子どもの成長に感謝！

komugi

　シュタイナーの人智学では、日曜日は太陽（光・熱）と関係が深く、曜日の穀物は小麦です。
　小麦は米よりもカロリーが高く、食べ過ぎると皮膚が乾燥したり、便秘になります。わたしたち日本人は、からだを熱せず冷やさない「うるち米」を常食としているので、体調を見ながら食べる量を調整するといいでしょう。日曜日に全粒の小麦粉を使ったパンやお菓子を、子どもの成長に感謝しながら、家族揃っていただくくらいがちょうどいいのかも知れません。
　人智学にもとづく栄養学でも、暮らしている場所の気候や風土にあった穀物をとることが望ましいとされています。
　また、小麦アレルギーの原因は、農薬やポストハーベスト、小麦の成分「グルテン」によるものだと言われています。オーガニックの国内産小麦なら大丈夫なこともあるようです。

Sunday

全粒粉の野菜ピザ

発酵させずに焼くお手軽ピザ。季節の野菜をたっぷりのせて

●材料（直径15cm×4枚分）

全粒粉……150g
自然塩……2g
ぬるま湯……約100mℓ
野菜（かぼちゃ、玉ねぎ、レンコン、ブロッコリーなどお好みで）……適宜
トマトケチャップ……小さじ2
豆乳マヨネーズ……適宜
オリーブオイル……小さじ1
オレガノ……少々

●つくり方

1　全粒粉と自然塩をボウルに入れて混ぜ、ぬるま湯を加えてよくこねる。ラップをして30分以上おく。
2　かぼちゃ、玉ねぎ、レンコンは厚さ5mmくらいにスライスし、ブロッコリーはひと口大に切る。
3　かぼちゃにオリーブオイル（分量外）をまぶし、オーブンでかるく焼く。
● かぼちゃなど火が通りにくい野菜は、野菜をのせた天板に別の天板をかぶせ、予熱をせず150℃で10分を目安に焼いておきます。
4　1の生地を4等分して薄くのばし、オリーブオイル（分量外）をぬった天板にのせ、表面にトマトケチャップをぬる。
● かならず生地を先に天板にのせてからトッピングしましょう。野菜をのせてからだと、生地がゆるんでしまい、うまく天板に移せなくなります。
5　野菜をのせ、豆乳マヨネーズをかけ、オリーブオイルとオレガノをかける。
6　180℃にあたためたオーブンで約10分焼く。

Tea Time 13　手軽に生地からつくれるピザ

全粒粉をこねてつくる無発酵のピザは、簡単で思い立ったらすぐできます。薄くのばした生地は食感もよく、季節の野菜をトッピングするので栄養面でもバランスがとれます。また、チーズではなく、卵の入っていない豆乳マヨネーズを使うことで、軽い仕上がりになります。食もすすみ、野菜もいっぱいとれて、ビタミン不足を補うことにもひと役かってくれそうです。それに、子どもってピザが大好きですよね！　簡単ですし、子ども自身につくってもらい、それぞれ好きな野菜をのせてオリジナルピザを焼いてください。

77

Sunday

野菜蒸しまんじゅう

カルシウムの多い大根の葉をしっかり使います

●材料（4個分）
地粉 …… 150g
天然イースト …… 2g
ぬるま湯 …… 約90ml
自然塩 …… 2g
A ┃ 大根の葉（または小松菜）…… 150g
　┃ 　＊ゆでておく
　┃ しょうが …… 少々
　┃ にんにく（お好みで）…… 1/2かけ
　┃ しいたけ …… 小1枚
しょうゆ …… 小さじ1＋小さじ2
みりん（お好みで）…… 小さじ2
ごま油 …… 小さじ2
くず粉 …… 小さじ1
　＊大さじ1の水でとく

●つくり方

1 地粉と天然イーストをボウルに入れて混ぜ、ぬるま湯と自然塩を混ぜたものを加えてよくこねる。ラップをして、生地が1.5〜2倍にふくらむまで発酵（一次発酵）させる。
● 35〜40℃のオーブンに入れるか、あたたかな室内に置いておきます。

2 Aの野菜をみじん切りにする。
● 大根の葉は硝酸が多く、にが味もあるので、ゆでることで食べやすくなります。

3 フライパンにごま油を熱し、しょうが、にんにくを炒める。次に、しいたけを加えたところで、しょうゆ（小さじ1）をかけて炒める。そこへ大根の葉を加えて全体を混ぜ、最後にみりんとしょうゆ（小さじ2）を入れて味をつける。
● しいたけにしょうゆをかけて炒めることで、ぐんと味がよくなります。

4 3に、水でといたくず粉を流し入れ、よく火を通して材料がまとまるようにする。

5 1の生地を4等分して丸くのばし、4の具を包み、10分ほど置いておく（二次発酵）。

6 パラフィン紙（またはオーブンシート）にのせ、蒸気の上がった蒸し器で約15分蒸す。

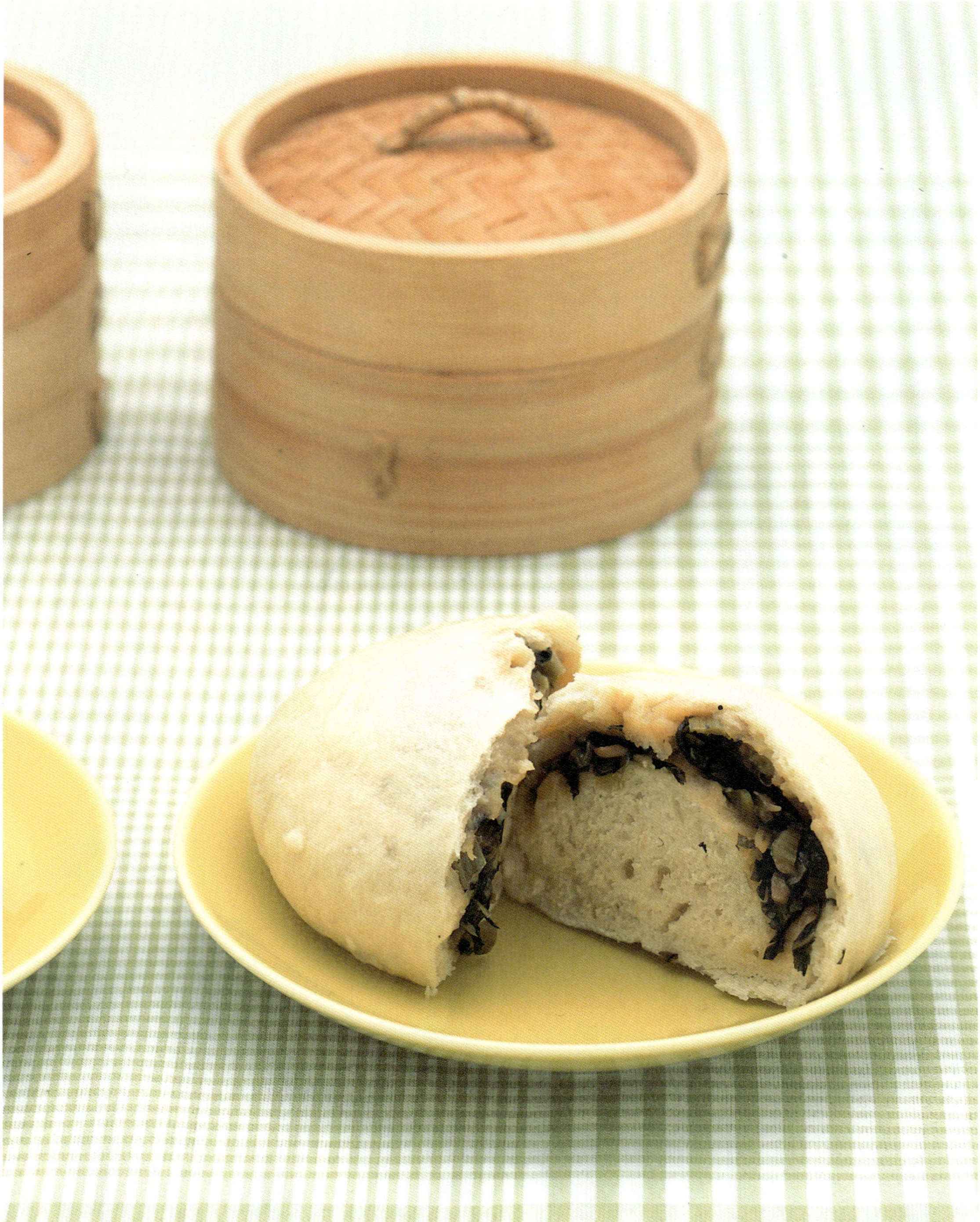

Sunday

2色のかわり野菜うどん

こねずにできる！　ほうれん草とかぼちゃの2色麺

●材料（4〜5人分）
ほうれん草のうどん麺
- ほうれん草 …… 20g
- 地粉 …… 100g
- 自然塩 …… ひとつまみ
- 水 …… 150ml
- 菜種サラダ油 …… 適量

かぼちゃのうどん麺
- かぼちゃ …… 50g
- 地粉 …… 80g
- 自然塩 …… ひとつまみ
- 水 …… 140ml
- 菜種サラダ油 …… 適量

スープ
- 昆布だし …… 4カップ
- 白だししょうゆ …… 大さじ1
- しょうゆ …… 少々
- 自然塩 …… 小さじ1/2

煎り白ごま …… 適宜

●つくり方
1　ほうれん草は湯がき、ミキサーにかけてペースト状にする。
2　かぼちゃは蒸して皮をむき、つぶしておく。
3　1、2それぞれに地粉と自然塩、水を加えてよく混ぜる。
4　あたためたフライパンに油をひいて生地を流し入れ、クレープのように薄く焼き、ざるの上でさます。同じようにして何枚かつくり、細長く切っておく。
5　スープの材料を鍋に入れて火にかけ、ひと煮立ちさせる。
6　器に麺を入れ、スープを注ぐ。白ごまをちらして、できあがり。

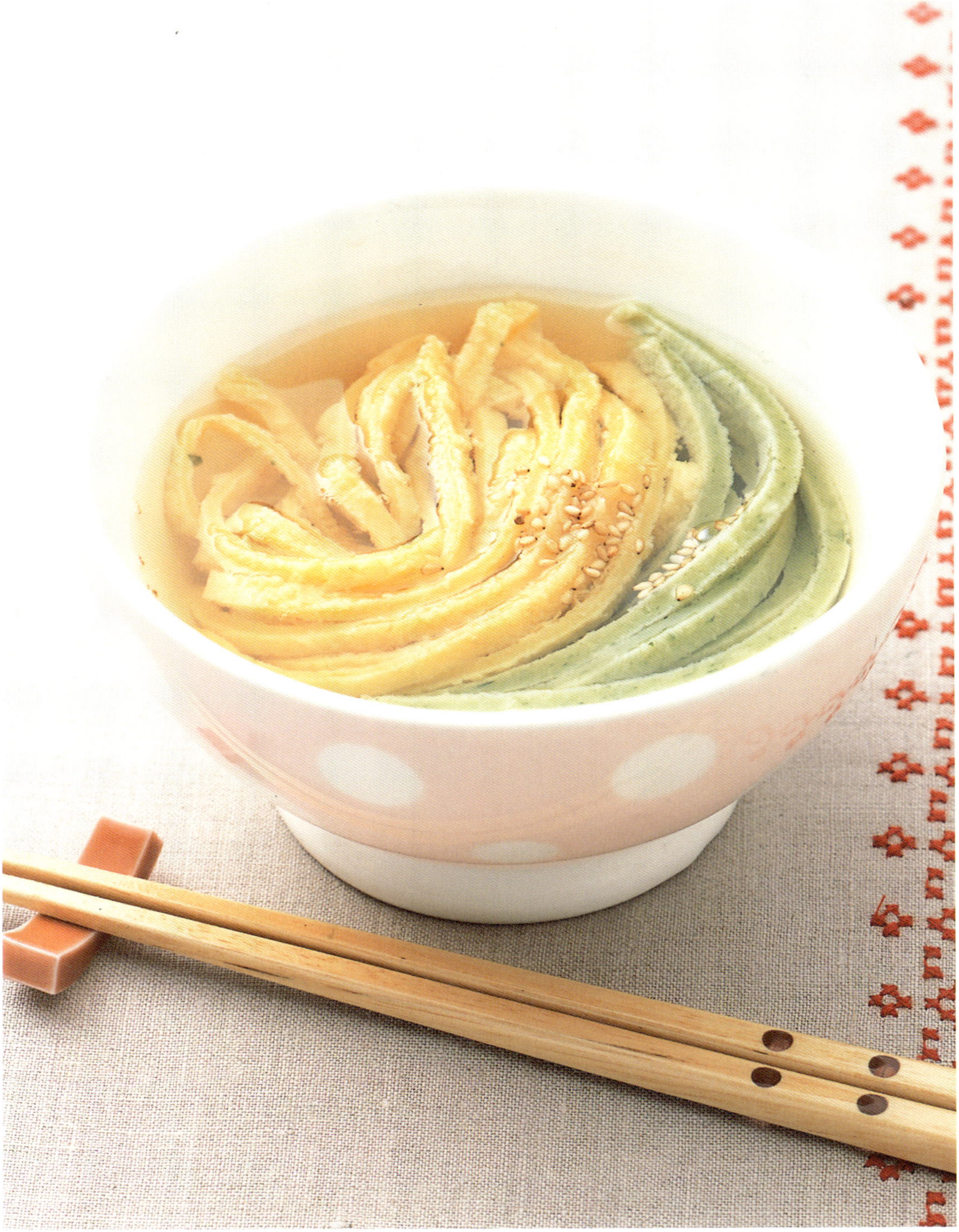

Sunday

さつまいものサーターアンダギー

さつまいもとおから入り。自然の甘味がうれしいですね

●材料（約15個分）
さつまいも……100g
地粉……100g
乾燥おから……30g
ベーキングパウダー……小さじ1/4
A
　りんごジュース……130ml
　無調整豆乳……50ml
　菜種油……大さじ2
　自然塩……小さじ1/6
　てんさい糖……小さじ2
揚げ油……適量

●つくり方
1　さつまいもは適当な大きさに切り、皮のまま蒸して、皮をむいてからつぶす。
2　地粉、乾燥おから、ベーキングパウダーをボウルに入れて混ぜる。
3　Aを別の容器で混ぜ合わせ、2に加えて混ぜてから、さつまいもを加えてさらに混ぜる。
4　揚げ油に、3の生地をスプーンですくって落とし、こんがりと中までじっくり揚げる。
● 揚がったらキッチンペーパーで油をよく吸い取ると、できあがりが油っぽくなりません。

Sunday

かりんとう

揚げるはしから手がのびます。甘味と青のり味のお好みで

●材料（4〜5人分）
全粒粉 …… 150g
菜種油 …… 大さじ2
自然塩 …… 小さじ1/2
りんごジュース …… 約60mℓ
揚げ油 …… 適量
てんさい糖（お好みで）…… 大さじ1
青のり（お好みで）…… 小さじ1＋小さじ1

●つくり方
1　全粒粉と菜種油をボウルに入れ、すり合わせるように混ぜてから、自然塩とりんごジュースを加えてまとめる。
● 青のり味にする場合は、全粒粉に青のり（小さじ1）を混ぜておく。
2　めん棒で生地を厚さ5mmくらいにのばし、長さ約4cmの短冊状に切り分けてからねじる。
3　揚げ油でからりと揚げる。
4　揚げたての 3 に、お好みでてんさい糖をまぶす。
● 青のり味は、てんさい糖の代わりに青のり（小さじ1）と自然塩（小さじ1・分量外）をまぶす。

sunday

ねじりドーナツ

牛乳も卵も使わずにできる、もっちりパンドーナツ

●材料（6個分）
地粉 …… 200g
天然イースト …… 3g
A ┌ 無調整豆乳 …… 約130mℓ
　├ メープルシロップ …… 大さじ2
　├ 菜種油 …… 小さじ1
　└ 自然塩 …… 小さじ1/4
揚げ油 …… 適量
てんさい糖 …… 大さじ3

●つくり方
1　地粉と天然イーストをボウルに入れて混ぜる。
2　Aを別の容器で混ぜ合わせ、1に加えてよく練る。
3　ラップをして、生地が約1.5～2倍にふくらむまで発酵させる（一次発酵）。
● 35～40℃のオーブンに入れるか、あたたかな室内に置いておきます。
4　生地をぎゅっと押して空気を抜き、6等分する。細長くよってから、ねじったものを網にのせ、オーブンで二次発酵させる。目安は40℃で約30分発酵させる。
5　揚げ油で、こんがりと揚げる。
6　すぐに油を切り、熱いうちにてんさい糖をまぶす。

christmas →

クリスマスのお祝い

アドベントはクリスマスを待つ特別な時

advent

　シュタイナー教育では、季節の祝祭をとても大切にしています。クリスマスの4週間前からはじまるアドベントの時期も、そのひとつ。幼稚園や家庭では、努めてこころ静かに過ごすようにし、ゆっくりと待つことで得られる特別なよろこびを体験します。
　幼稚園の玄関には、本物のモミの木でつくられた素朴なリースを飾り、お部屋は夜空色の濃い青のカーテンをひき、この期間だけの装飾で、厳かな雰囲気に満たされます。子どもたちはほの暗い室内であそび、ロウソクの炎で光の大切さ、ありがたさを感じます。
　アドベントの最初の日曜日（園では翌日の月曜）から、モミのリースに4本の赤いろうそくを立てた「クリスマス・クランツ」に火を灯します。1週目は1本だけ、2週目は2本目も……と順に火を灯しながら、毎日が、ゆっくりとクリスマスのお祝いに向かっていくのです。

christmas

ライ麦パンのリース

わが家ではクリスマス・クランツの代わりに使います

●材料（直径約18cm×1個分）
ライ麦粉 …… 100g
地粉 …… 200g
天然イースト …… 4g
A［ぬるま湯 …… 170〜180ml
　メープルシロップ …… 大さじ1
　菜種油 …… 大さじ1
　自然塩 …… 5g］

●つくり方

1　ライ麦粉、地粉、天然イーストをボウルに入れてよく混ぜる。

2　Aを別の容器に入れて混ぜ、1に加えてよくこねる。

3　2を35℃くらいで約50分発酵させ、生地が2倍くらいにふくらんだら、ぎゅっと押して空気を抜く。

4　生地を4等分し、それぞれ約42cmの縄状にのばす。このとき、少しずつ生地をとっておく。

5　のばした生地を四つ編みし、編みはじめと終わりをくっつけて輪にする。

4本並べる。 → いちばん右側の生地を、下→上→下と交互にくぐらせる。 → 右側になった生地を同様にくぐらせ、何度もくり返す。

6　とっておいた生地でバラの花と葉をつくり、接着面に水をつけて、リースにつける。

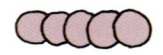

直径2.5cmほどの円を5〜6枚、少しずつ重ねて並べる。 → 端からくるくると巻き、半分に切る。それぞれ花びらのかたちに整える。　葉は、生地を厚さ3mmにのばし、型で2枚抜く。

7　180℃にあたためたオーブンで約20分焼く。

Tea Time 14　パンでつくるクリスマス・クランツ

アドベントの時期に欠かせない一品です。クリスマスの準備を毎日少しずつしていくなかで、子どもと一緒に生地をこね、リースを編んで飾りをつける。焼きあがってきた時の感動はひとしおです。ちなみにわが家ではクリスマス・クランツの燭台として使っています。ろうそくが立てられるように、4ヶ所に丸めたアルミホイルを詰めて、焼き時間を長めにします。4週間後には、細かく砕いて庭にまいたり、公園で鳥や鯉にあげました。子どもたちは生きものへのクリスマスプレゼントだと言って、よろこんでいましたよ。

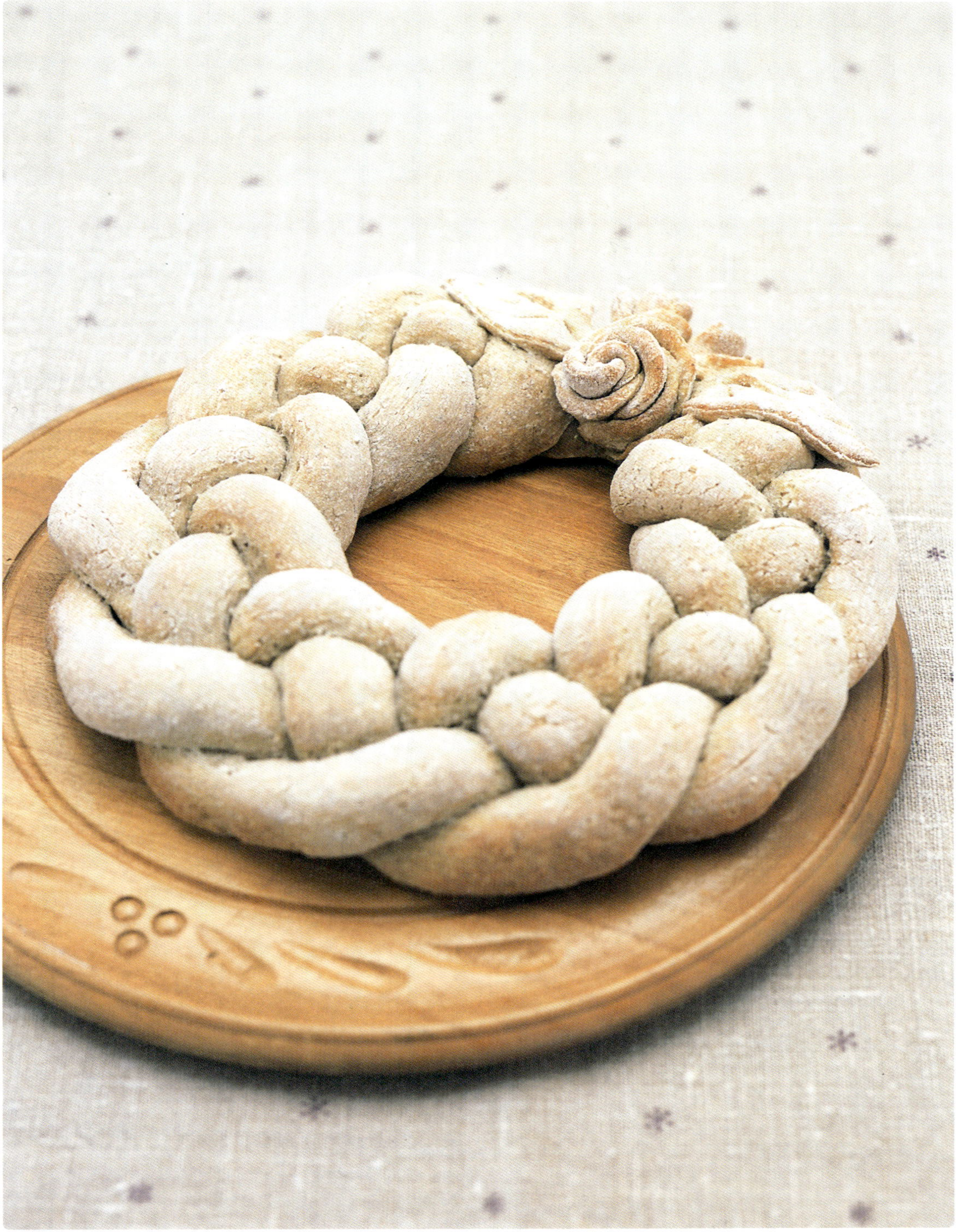

christmas

セモリナ粉のフルーツケーキ

シナモンやオレンジの香りがほのかに広がるしっとりケーキ

●材料（20cmのシフォン型1個分）
A ┌ レーズン …… 大さじ3
　├ その他ドライフルーツ・ナッツ類 …… 計70g
　└ オレンジピール …… 2g
ラム酒 …… 大さじ2
B ┌ セモリナ粉 …… 200g
　├ シナモンパウダー …… 小さじ1/2
　└ 重曹 …… 小さじ1
自然塩 …… 小さじ1/4
りんごジュース …… 約350mℓ前後
無糖アプリコットジャム …… 大さじ1.5
ココナッツファイン …… 大さじ3

●つくり方
1 Aを適当な大きさに刻んでから、ラム酒に漬けて30分以上おく。
🌸ドライフルーツは、かたければお湯をざっとかけて、やわらかくしてから使いましょう。ケーキにしっとりとなじみ、おいしくなるひと手間です。
🌸ラム酒のアルコール分はオーブンでとび、香りと風味が生地に残ります。それが苦手な方はりんごジュースで代用してもOK。
2 Bをボウルに入れて混ぜる。
3 **1**と自然塩、りんごジュースを別の容器で混ぜ、**2**に加えて混ぜ合わせる。
🌸ドライフルーツのやわらかさやセモリナ粉の種類によって必要な水分量が違うので、ホットケーキの生地くらいのゆるさを目安に、調節してください。
4 オーブンシートを敷いた型に流し入れ160℃にあたためたオーブンで約30分焼く。竹串を刺して、生焼けの生地がつかなければ焼きあがり。
🌸オーブンシートは底に敷くだけでOK。型から出す時には、側面にパレットナイフを入れるとうまくいきます。
5 焼きあがったらジャムをぬり、ココナッツファインをふりかける。

Tea Time 15　12月6日、セント・ニコラウスの日のケーキ

セント・ニコラウスは子どもたちに姿を見せずにプレゼントの袋を置いていきます。貴石、季節のくだもの、ケーキ、そしてくるみの実(脳＝知恵を象徴)が入っていて、それぞれ、鉱物界、植物界、動物界、人間界からの贈りもの。ケーキは何日間かかけて皆で少しずつ食べ、ひとつのものを分かちあう大切さ、よろこびを体験し、人間を取り巻く世界に感謝します。娘たちが通った園では当初「はちみつバターケーキ」でしたが、アレルギーのお子さんやマクロビオティックを実践する家庭が増えたこともあり、このフルーツケーキに変わりました。

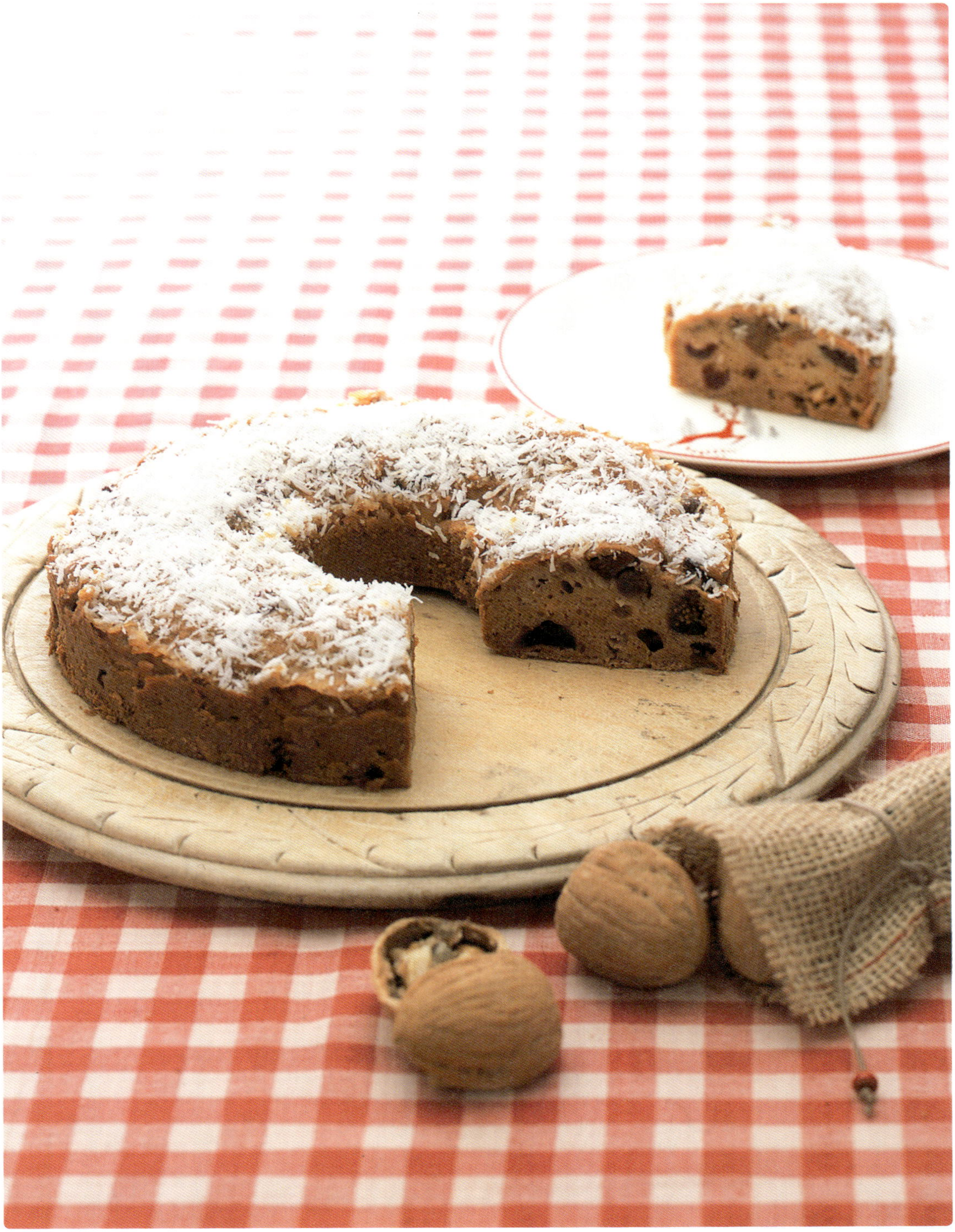

christmas

ジンジャークッキー

クリスマスの大定番。型抜きはぜひ子どもにしてもらって

●材料（大小合わせて約35枚分）
ライ麦粉 …… 60g
地粉 …… 140g
自然塩 …… 小さじ1/3
菜種油 …… 大さじ3
A ┌ しょうがの絞り汁 …… 小さじ1.5
　│ メープルシロップ …… 大さじ2
　│ 無調整豆乳（またはりんごジュース）
　└ 　　　　　 …… 大さじ2

●つくり方
1　ライ麦粉、地粉、自然塩をボウルに入れてよく混ぜたら、菜種油を加えて、すり合わせるようになじませる。
2　Aを別の容器に入れて混ぜ、1に加えて生地をまとめる。
●生地が粉っぽいようなら、豆乳かりんごジュース（分量外）をたしてください。
3　生地をめん棒で3mmくらいの厚さにのばして、型で抜く。
4　160℃にあたためたオーブンで約10分、180℃に温度を上げて、8〜10分焼く。

Tea Time 16　クッキーの型抜きはアドベントの期間限定！

アドベントの時期は特別なことがたくさんあります。クッキーを焼くときも、シュタイナー教育では、7歳までの子どもには、はっきりとしたかたちを避けているので、手でかたちを整えるだけですが、この時だけは抜き型を使います。また、保存のために、日頃は使わないスパイスを入れたりしますから、その香りや味が、この時期ならではの体験としてこころに残るでしょう。オーナメントとして飾るよろこびもあり、食べるよろこびもあり、「いつもと違う」感覚が体験できる本当に特別なクッキーです!!

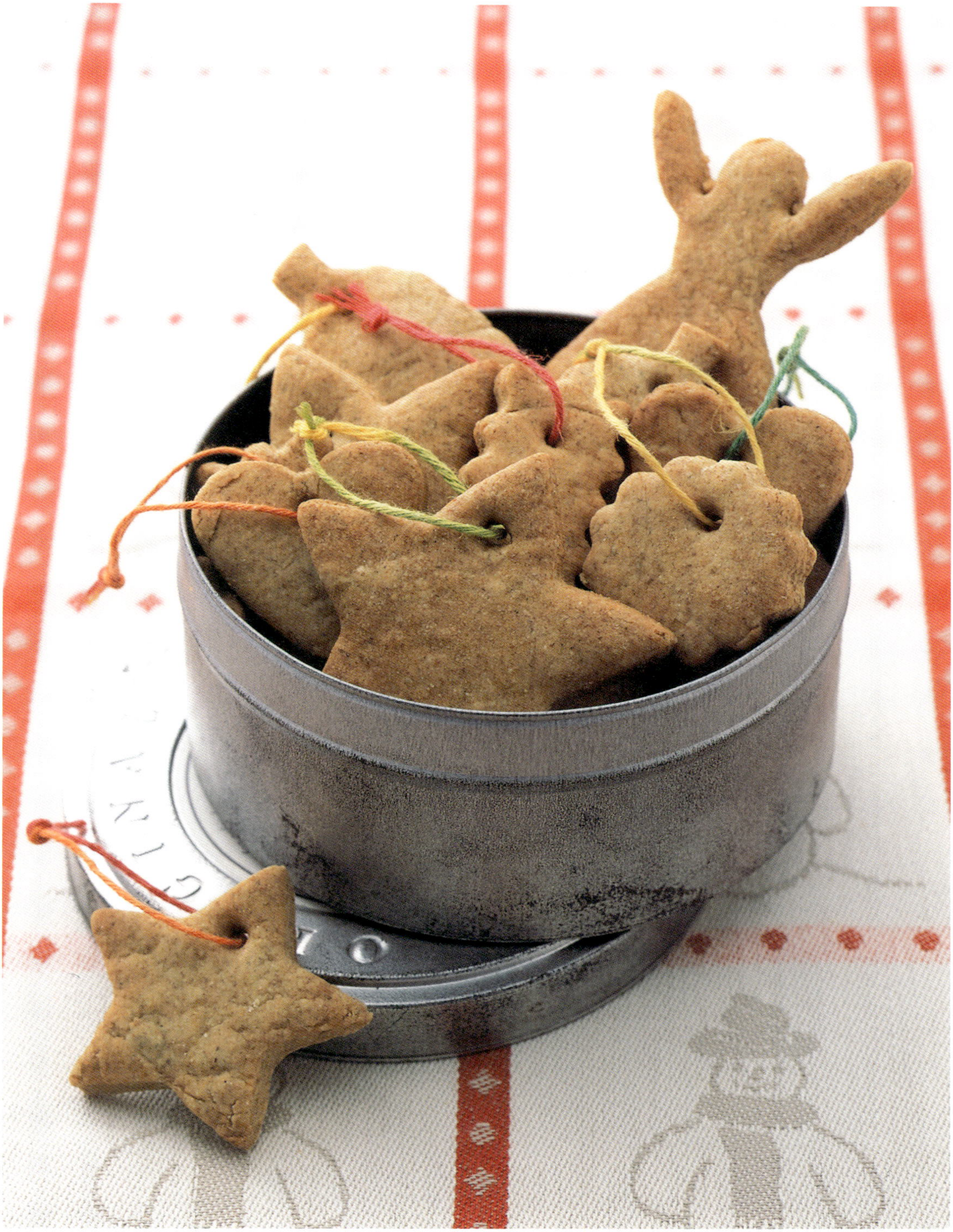

christmas

米粉のフルーツケーキ

生のくだものと干したくだものの違いをたのしんで

●材料（17cmのスクエア型1台分）

干しあんず …… 3枚
レーズン …… 大さじ2
かぼちゃの種 …… 大さじ1強
オレンジピール …… 小さじ2
A ┌ 米粉 …… 300g
　└ ベーキングパウダー …… 大さじ1
B ┌ 豆乳 …… 280mℓ
　│ 菜種油 …… 100mℓ
　│ メープルシロップ …… 80mℓ
　│ 自然塩 …… 小さじ1/2
　└ ラム酒 …… 大さじ1
キウイフルーツ …… 2/3個
りんご …… 1/4個
柿 …… 1/4個
ブルーベリー（冷凍）
　…… 約50g（12〜13粒）
ラズベリー（冷凍）…… 約40g（12〜13粒）
無糖マーマレードジャム …… 大さじ3

●つくり方

1 あらかじめあんず、レーズン、かぼちゃの種をラム酒（分量外）に1日以上漬けておく。
❀ 1週間以上漬けると、風味がなじんでさらにおいしくなります。ラム酒のアルコール分はオーブンでとびます。苦手な方はリンゴジュースに一昼夜（6〜8時間ほど）漬けておいてもOK。
2 オレンジピールは細かく切り、**1**のあんずも3mm角くらいに切る。
3 キウイフルーツは半月切り、りんごはいちょう切り、柿はくし形にスライスする。
4 Aをボウルに入れてよく混ぜる。
5 Bを別の容器で混ぜ合わせ、**1**と**2**を加えたら、**4**に入れてよく混ぜる。
❀ 米粉は泡立て器やゴムべらで、つぶすようにすると混ざりやすいです。
6 オーブンシートを敷いた型に生地を流し入れ、表面にフルーツを飾り、予熱なしで160℃のオーブンで約35〜40分焼く。竹串を刺して、生焼けの生地がつかなければ焼きあがり。
7 焼きあがったらすぐ、表面にジャムをぬる。

Tea Time 17　わが家のクリスマスの過ごし方

色とりどりのフルーツをのせたケーキは、クリスマスの華やかで特別な雰囲気を醸し出します。おひさまの恵みを受けて甘味が凝縮されたドライフルーツと、みずみずしい生のくだものの違いに気がついてもらえるとうれしいです。もちろん、子どもに説明は不要です。感じることが大切なのですから。近年は娘たちも大きくなったので、近所の教会のクリスマスミサに出かけています。クリスチャンでなくても気軽に参加できるので、厳かで静かな時を過ごすために、賛美歌を聴きに行きます。このケーキをお土産に持って！

＊写真では、焼きあがった後に縦に4つにカットして並べています。

～おわりに～ シュタイナーの子育て、わたし流

この本は、[月刊クーヨン]で
2年間連載したものをまとめました。
皆さんよりも、ちょっと先輩おかあさんの視点と、
ふたりの子どもをシュタイナー幼稚園に入れ、現在も実践中の経験と、
料理研究家としての主観的な考えも織り交ぜながら、
「シュタイナーのおやつ」として紹介させていただきました。

上の娘・京子（みやこ）の4歳のクリスマスにサンタさんから届いた編みぐるみ。いまでは自分で編み物ができるようになり、「これって、いちばん簡単なんだよね」と言いながらかわいがっています。

素朴なおやつで、
からだと味覚とこころが育ちました。

この春に9年生と5年生になる娘たちは、
ちいさい頃に食べていた素朴なおやつを食べることは
少なくなってきましたが、それでも小腹がすけば、
おにぎりや焼き餅、甘くないパンを食べたがります。
当時の習慣や、甘くないものがおやつということが「普通」なのです。
それが健康なからだをつくり（大きな病気はなく、風邪もひどくならず）、
味覚を発達させる（水や素材の味がよくわかる）ことになり、
こころを育んでいる（子どもらしく子ども時代を満喫し、
反抗期の娘はそれなりに反抗もし）ことを強く感じます。
もちろん、市販の甘いものも食べますが、適度な量で満足できます！

皆さんもこの本を参考に、難しく考えず、細かいことにとらわれないで、
毎日のおやつに取り入れていただけたらうれしいです。
実際には、おばあちゃんやおじいちゃん、お友だちから
いただいたりすることも、もちろんつくれないことだってあるし、
買ったりもしますよね。わたしだって同じです……。

でも、すごく甘いものや添加物の入っているものを食べてしまっても、
いつもでなければよしとし、ひとの愛を受け取る視点、
相手のことを思いやる気持ちをもつように努力することは、
いろいろな見方で子どもを見る練習にもなります。わたしもいまだ練習中‼

それに、人智学医療では、必要のないものは外に出すように
人間のからだはうまくできている、と考えられています。
お姉ちゃんなんか結構怖いもの（わたしが見て）を
買い食いしています。
でも大丈夫！　それは、日頃から、「本物」を食べさせ、
過剰な欲で食べないことをくり返してきたからだと思います。

下の娘・尚子（しょうこ）が３年生までベビーカーに乗せて歩いていたヴァルドルフ人形。いまもずっと傍らにおいています。

ほどほどに続けてきたら、いつしか、それが当たり前になりました。

お互いに、シュタイナー教育のいう、自由な精神のもとで、
その子の生きるべき道を進むことができるように、
健康に育つことを願って、親としてできる限りのことをしたいですよね。
がんばりましょう！　自分にも、言い聞かせています……。
やめたくなったり、どうでもよくなったり、ストレスにならないように、
過ぎずにほどほど（わたしにはこれが大切でした！）で、続ける。
そして、それが普通になる。わたしもこれで 14 年になります。

最後に、この本を手にしてくださった皆さん、
このご縁に、こころからの感謝を申し上げます。どうもありがとう。

２００９年２月

陣田 靖子

陣田靖子・じんだやすこ（Yasming）

Yasming's Kitchen（ヤスミンズキッチン）主宰。とにかく食べること が大好きで、いま求められている味をマクロビオティック的に提案中。各地で開催の穀物菜食、米粉パン＆お菓子教室は大人気。シュタイナー幼稚園での料理講師もつとめる。また、ゲーテ・シュタイナー研究者で『シュタイナー医学原論』の訳者・佐藤公俊さんの「食の勉強会」に長年参加。そこでの学びを日々の糧としている。著書に『ロハスな食卓』（ソニー・マガジンズ・刊）、『子どものお弁当』（家の光協会・刊）、『米粉100％のもっちりパン＆しっとりスイーツ』（河出書房新社・刊）などがある。ホームページは、http://www.yasming.net/

《参考文献》
ルドルフ・シュタイナー著『健康と食事』（イザラ書房　西川隆範／訳）
ルドルフ・シュタイナー著『身体と心が求める栄養学』（風濤社　西川隆範／訳）
ルドルフ・シュタイナー著『人間の四つの気質』（風濤社　西川隆範／訳）

シュタイナーのおやつ
子どもの「生活リズム」にあった1週間のレシピ

陣田靖子・著

2009年4月25日　第1刷
2011年2月17日　第3刷

発行人 …… 落合恵子
発　行 …… 株式会社クレヨンハウス
　　　　　〒107-8630　東京都港区北青山3-8-15
　　　　　TEL. 03-3406-6372　FAX. 03-5485-7502
　　　　　http://www.crayonhouse.co.jp/
　　　　　e-mail shuppan@crayonhouse.co.jp

ブックデザイン …… 中島寛子
写　真 …… 平賀榮樹
スタイリング …… 丸山かつよ・中島寿奈美

印　刷 …… 中央精版印刷株式会社

初　出 …… ［月刊クーヨン］2007年4月号〜2009年3月号（クレヨンハウス）

食材協力 …… クレヨンハウス東京店野菜市場　大阪店オーガニックタウン

©2009 JINDA Yasuko
ISBN978-4-86101-150-4　NDC596　24×18cm 96p

乱丁・落丁本は送料小社負担にて、お取り替え致します。価格はカバーに表示してあります。